成长总是从心开始

写给大学生的36个心智锦囊

严亮 许倚华 著

华中科技大学出版社
http://press.hust.edu.cn
中国·武汉

图书在版编目(CIP)数据

成长总是从心开始:写给大学生的36个心智锦囊/严亮,许倚华著.—武汉:华中科技大学出版社,2024.6
ISBN 978-7-5772-0822-0

Ⅰ.①成… Ⅱ.①严… ②许… Ⅲ.①大学生－心理健康－健康教育 Ⅳ.①G444

中国国家版本馆CIP数据核字(2024)第092154号

成长总是从心开始:写给大学生的36个心智锦囊
Chengzhang Zongshi Cong Xin Kaishi:Xiegei Daxuesheng de 36 Ge Xinzhi Jinnang
严亮 许倚华 著

策划编辑:饶 静	
责任编辑:胡 晶	
封面设计:琥珀视觉	
责任校对:刘 竣	
责任监印:朱 玢	
出版发行:华中科技大学出版社(中国•武汉)	电话:(027)81321913
武汉市东湖新技术开发区华工科技园	邮编:430223
录　排:孙雅丽	
印　刷:湖北新华印务有限公司	
开　本:880mm×1230mm　1/32	
印　张:7.125	
字　数:178千字	
版　次:2024年6月第1版第1次印刷	
定　价:59.80元	

本书若有印装质量问题,请向出版社营销中心调换
全国免费服务热线:400-6679-118　竭诚为您服务
版权所有　侵权必究

序一

严亮老师及其合著者的新书即将出版,请我写一篇序言,我想了想,还是从心理健康素养这个角度略说几句。

几年前我提出了心理健康素养的理论模型(见《心理科学》2020年第1期),模型包含健康促进和疾病应对、自我和他人两个维度。严亮老师的这本新书主要围绕个体的健康促进这个方面展开,其他方面也有所涉及,关注从大学生入校后的新生适应到毕业前的求职就业,从课堂内外的时间管理到校园内外的实习实践,从与老师、同学的人际交往到与家人、恋人的亲密相处等问题。作者将心理学知识与大学的生活场景联系起来,话题接地气,内容平实中肯,对于大学生在这些场景中正确有效地为人处世,应该很有帮助。

一个人的心理健康素养包含知识、态度与行为习惯三个部分。行为习惯需要训练,知识和态度则可以通过自主学习来掌握和形成。自助阅读是大学生比较习惯的自主学习方式,希望这本书能帮助他们更有针对性地提升心理健康素养，在大学里更好地发展自己。

　　严亮老师从2006年开始从事心理健康教育工作。目前我国高校心理健康教师队伍中，他这个年龄层次的正是挑大梁的一代人，出力很大，站位也高。他们自觉地结合本校和本人的实际工作，做出了创造性的思考和创新性的探索。这些思考和探索相当可贵，因为它们立足于中国高校和大学生心理健康教育的实际，有很好的生态效度。严亮老师这本书，就明显地体现了这个特点。希望高校心理健康教育战线上的有探索、有心得的同行，也跟严亮老师一样，把自己的探索和心得记下来、写出来。

华中师范大学心理学院教授
江光荣

序二

大学是个人心智走向成熟最重要的阶段，困惑最多，也最需要帮助，但我们传统的帮助方式，往往不是把他们当朋友，而是语重心长给他们上课，希望他们做出对的选择。如果我们像朋友一样，给予陪伴、关心、建议，但不直接替代他们做决定，是不是这才是他们需要的？

严亮、许倚华老师的新书就是这样写的，围绕大学生要经历的方方面面，抛出故事，引发思考，给出建议。人生最重要的成长，是从心里认同，再接受建议。

有一些知识，高中时老师不一定讲，大学时老师不一定教，工作时单位不一定提，但却是大学阶段乃至一生的个人发展和幸福生活所必需的。所谓心智成熟，其实是了解自身的特点，明确自己的发展方向，同时也了解他人和社会的基本需求，掌握为人处世的基本规律与方法，把事做好，和人处好，把日子过好。

严亮老师长期在高校心理健康教育一线工作，熟悉了解大学生在心智成长上的现实需要；许倚华老师长期在教育领域深耕，见证了许多年轻人从校园到职场的成长。他们诚恳地想和大学生聊聊书中的这些话题，从问题和场景出发，帮助年轻人了解自己、他人和社会，更加成熟自信地面对生活。相信打开这本书的你，一定有所收获。

秋叶品牌、秋叶 PPT 创始人
《不要等到毕业以后》作者
秋叶

目 录

CONTENTS

第一章
入学适应——打造你的专属大学生活

第一节　用一个地球仪，把"大学学什么"讲清楚　　　　2
第二节　五个提问，帮你清晰决策转专业　　　　6
第三节　了解这三点，面对社团不再选择困难　　　　12
第四节　找到这三个人，你的大学就成功了一半　　　　17
第五节　关于"内卷"这道题，我有一个解题提示　　　　23

第二章
人际沟通——拥有良好人际关系的人更幸福

第一节　让《西游记》告诉你，大学里什么样的性格更受欢迎　　　　30
第二节　照这"四步走"，和谐寝室不用愁　　　　37

第三节	学会倾听与安慰，你就是他们眼中的知心人	42
第四节	用好这四个小技巧，老师变导师，前辈变贵人	48
第五节	假期回家如何与父母好好说话？试试"一二三"沟通法	54

第三章
实习实践——用职业标准塑造自己，工作不再"忙、茫、盲"

第一节	转变七个思维，"学生气"秒变"职场范"	62
第二节	对标四种能力，未来职场上更加得心应手	68
第三节	具备三个特征，让你在学生工作中脱颖而出	73
第四节	掌握四个要点，合作既顺利又愉快	79

第四章
时间管理——高效能大学生的自我修养

第一节	无头绪？两分钟快速诊断你的时间管理	88
第二节	难坚持？把学习当作游戏来设计，你也能学到欲罢不能	95
第三节	效率低？做好分类管理，让你变身高效能人士	101
第四节	没精力？谁掌握了休息节奏，谁就掌握了胜利	107
第五节	心里急？三个"对话"从容应对焦虑情绪	112

第五章
恋爱相处——爱情是一场"双人舞蹈"

第一节	树立正确恋爱观,"母胎单身"的你不踩坑	118
第二节	"多喝热水"到底错在哪了?"没事儿"又该怎么回? ——说说恋爱中的沟通	125
第三节	"我的建议他总是不接受"——是让对方改变,还是 让改变发生	130
第四节	"我俩总是为小事吵架"——破解情绪失控	135
第五节	用好三招,异地恋也能长长久久	141
第六节	做好四点,顺利度过失恋恢复期	146

第六章
升学还是就业——选择比努力更重要

第一节	用人生设计思维,破解大三抉择之困	154
第二节	运用四步台阶法,助你找到心仪的工作	160
第三节	考研还是就业,不妨问问自己这四个问题	165
第四节	什么是适合自己的好工作?职业选择的五个方法论	170
第五节	面试前后注意几个要点,实现成功入职	175
第六节	十句话写给初入职场的你	180

第七章
自我关怀——心灵的自由是最大的自由

第一节　熟知≠真知，你真的知道什么是心理和心理健康吗　　186

第二节　原生家庭的痛，如何释怀　　193

第三节　什么是心理咨询（师），我需要做心理咨询吗　　198

第四节　关于抑郁症的就医服药，你有这些疑虑吗　　205

第五节　空虚比忙碌更难受——他们是如何找到自己的光　　210

致谢　　215

第一章

入学适应

——打造你的专属大学生活

第一节
用一个地球仪，把"大学学什么"讲清楚

读大学究竟读什么？答案其实很简单：学会学习（思考研究）、学会做事（实践行动）。那学会学习和学会做事究竟是什么意思呢？严老师试着用一个地球仪为你把这两个问题讲清楚。

阅读下文之前，请先找一个地球仪放在手边，或者在头脑中想象一个地球的画面。

一、学会学习，学的是思考的三个维度

1. 经线——思考的角度

学会做学问，首先学的是对问题展开分析以及搭建脉络和框架，即看问题的角度。你看地球仪上每一条经线，都是一个看待世界的角度。对应到大学，一条经线就相当于一个专业学科。

专业提供给你的是专业思维、专业知识和专业技能。以心理学为例，专业思维包括关注个体差异等，专业知识包括人一生的心理发展规律等，专业技能包括心理测评等。

举个例子，以个体的智力优势差异来说，美国心理学家加德纳的多元智力理论认为，智力其实有不同的表现形式，有语言、逻辑数学、空间、音乐、身体运动、人际关系、内省、自然智力等若干种。你是否知道自己最突出的能力体现在什么方面？又是什么样的表现形式？有兴趣的同学，可以去看看加德纳写的《智能的结构》。

2. 纬线——思考的高度

有了角度之后，展开思考又有不同的高度。所谓"三句不离本行"，说的就是在专业上达到了一定高度后，任何问题都可以用本专业的思路与框架去分析解读。

怎么提升高度？先从自己本专业入手，深入理解这个专业思考分析问题的逻辑和结构，当你能够深入一门学科，理解了它的世界观与方法论，你就可以触类旁通，和其他的学科交流对话。

3. 海拔——思考的深度

做学问又叫做研究，研究研究，就是要钻研探究。向哪里钻研？探究什么？探究的是规律与趋势。规律和趋势去哪里找？从问题的历史源流中去找。深入地表以下，你会了解地球往事。过往的一切并没有消失，而是变成历史文化和风土人情，深刻影响着我们今天的生活。挖掘过往，能够梳理清演变趋势、发展规律、相关资源等，为我们今天所用。欲知何所去，且问何所来。

怎样深入研究？去了解一个问题领域的历史源流、复杂背景，就能对这个问题有更深入的把握。

了解了需要学习的框架，接下来就是如何提高学习效率的问题了。关于这一点，我们将在本书第四章中具体展开讲述。

二、学会做事，学的是行动的三个维度

学会做事（实践），重点是学习把握条理与细节。做事情，就是在问题的地图上，走出一条通路，完成一个闭环。把大象装进冰箱分几步，并不只是一个笑话。

1. 执行要有精度

举例来说，你作为调研小组成员，和老师、同学一起出差，老师让你预订酒店，这件事情要考虑哪些因素？梳理下来你会发现，至少有经费预算、差旅标准、预订日期、出行人数、人员的性别构成、酒

店离车站的远近、如何从车站安全地抵达酒店、开具发票等系列问题。所谓条理，至少有时间和空间这两条线索。

再比如，邀请一位主讲人来做讲座，需要考虑主讲人是否熟悉场地，是否需要安排人去接，设备是否需要提前调试，是否需要播放PPT、播放视频和音频，是否需要话筒，现场主讲人的台签放在哪里，主讲人喝水如何安排，讲演结束后是否有互动环节、安排多少互动时间等问题。

严老师在参加一些学院举办的心理健康活动时，就曾遇到过现场出现意外的情况。一次是活动开始后发现大屏幕和音响的连接有问题，视频播不出声音；还有一次是开场后发现话筒和音响没有连接好，主讲人只能在没有话筒的情况下边讲边等。

有过工作经验的人就知道，这些问题在于事先没有彩排，同时也没有准备应急预案。如果之前把流程走一遍的话，不难发现其中的问题。在彩排预演的过程中，把流程中的节点一一确认，这就是我们所谓的执行精度问题。

关于行动实践能力的话题，我们将在本书第三章中详细展开。

2. 创新要有融合度

行走在世界地图上，经纬交错，跨越山海，你会穿越不同国度、不同地域，就像走通丝绸之路、打通新大陆航线。在解决问题的过程中，你会面对跨学科专业、跨行业领域，这就需要你去跨界，创造性地解决问题。比如疫情防控，看上去是一个医学问题，实际上也是公共管理问题，同时还涉及社会心理问题、物流运输问题等。

怎样提升融合度？

一方面要运用到前面提到的思考能力。提高思考的高度，这样能对问题的全貌有更整体的把握，登高才能望远；加深思考的深度，对问题的背景有更深入的理解，贴地才能远行。

另一方面，有些问题在思考研究之后，也需要具体去尝试、沟通、协调。任何一个节点都会遇到许多细节，也许没有经验可循，需要你勇敢地去尝试打磨。

3. 交往要有温度

融合多个领域少不了要与他人展开交流合作，而交往要有温度，即情感能量。地球的温度来自阳光，来自生命之间的互动。举个例子，如果我问你"我讲清楚了没有"，这样的表述是否比"你听懂了没有"让你感觉更舒服、更受尊重？

学会与人交往，重点是学会尊重与欣赏。尊重，是你向别人传递情感；欣赏，则是从别人身上吸取能量。尊重你们之间的共性，同一间宿舍里，你能否做到尊重别人的个人空间？欣赏你们之间的差异，作为一个外向（或内向）的人，你能从内向（或外向）的人身上学到什么？

在尊重与欣赏之外，更有温度的是理解与接纳。我建议大家保持一份对他人的好奇心，不是对他人隐私的好奇，而是对"他"为什么成为这样一个人好奇。

严老师参加工作后，有人初次见面时知道我是心理学老师，会半开玩笑半认真地问我："严老师，周围不少人都说我心理有问题，你觉得我有问题吗？"我一般都会这样回答："当我们觉得一个人有问题的时候，也许只是因为我们还没有足够地了解他。"

前面我们也说过了，我们了解一个社会或者历史问题，要了解它的前因后果和前世今生，要有有深度的视角；当我们了解一个人的时候，同样也应了解他的成长历程，以及他当下所处的环境。

如何与室友、同学、师长、父母有温度地交往沟通？关于与人交往的话题，我们将在本书第二章中详细展开。

学会学习，核心是拓展思考的三个维度，也就是角度、高度和深度，这些你的专业老师会慢慢教给你；学会做事，核心是拓展行动的三个维度，也就是精度、融合度和温度，关于这个部分，严老师会在本书中慢慢讲给你听。

第二节
五个提问，帮你清晰决策转专业

每年新生入学后，"要不要转专业"成了不少大一同学的"心病"。本小节中，严老师就跟大家分析这道题该怎么解。

一、转专业的四种类型

考虑转专业的同学，根据严老师的观察，可以分为四种类型。

1. 淮北为枳型

有的同学因为自己的想象或者是亲友的引导报考了某专业，入学之后才发现，这个专业对一些学科的要求正好是自己的弱项，学起来很吃力，甚至难以坚持。严老师就遇到过这样的同学，他因为对化学感兴趣报考了相关专业，但是入学之后发现该专业对物理和数学的要求不低，而这两科恰恰是他的弱项。

2. 壮志未酬型

这种类型的同学在高考填报志愿的时候就有明确的目标，但是因为分数等种种原因被调剂到了另外的专业，入学后一心想回到原来的目标专业。比如一位想选择生命科学的同学，最后却被分配到了数学与统计专业。

3. 跟风逐浪型

这种类型的同学对现在所学的专业不讨厌也谈不上喜欢，若要问他喜欢什么专业，他也说不上来。但当他看到周围其他同学转去一些热门专业,例如经济学类、计算机类,他也会有些心动,不知道自己要不要跟风。

4. 父母包办型

这种类型的同学自身可能不一定有转专业的愿望,但是父母出于就业考虑或者是根据家族的发展情况,劝导其去学另外一个专业。还有一种可能,是本人已经就读了父母为他选择的专业,但内心还是想转去自己想学的专业。

对以上四种类型的同学来说,转专业各有各的理由。那么,到底要不要转专业呢?在做决策之前,严老师建议大家问问自己以下五个问题。

二、考虑转专业之前,问自己五个问题

1. 我了解新专业的课程设置和学习难度吗

首先,不管转专业还是不转,每一个专业里,都一定会有你感兴趣或者能发挥你特长的课程,但也一定会有你不感兴趣或者你不擅长的课程。以心理学为例,报考了心理学专业的文科同学发现,他们需要学习统计学这类理科课程;而报考了心理学专业的理科同学发现,他们也要面对心理咨询这类人文类训练。再比如,转去经济管理类专业的同学会发现,该专业对数学有一定的要求,很多同学转专业后学习得很痛苦。

其次,在任何一个专业,想要有突出的表现,都不能只靠兴趣和能力,同样需要百分之百的努力。对于生命科学、药学等专业的同学来说,做实验常常意味着连续许多天泡在实验室里,有时一不小心实验材料被污染,或者发生停电、断网事故,做了好久的实验就要重新开始。学习社会学的同学做田野调查,也要到社区和人群中去走访和收集数据。做科研不仅仅要有兴趣与能力,还要有面对枯燥过程的耐心与坚持。

不止一个学院的老师提到,他们在转专业面试时,对于只抱有盲目的热情,对专业课程的难度以及落选没有心理准备的同学会格外谨慎。面试的时候他们更想听到的是,面试者对转入新专业各方面的情况有实际了解,对自己来到新专业后有具体的学习规划,而不仅仅是一腔热情。

因此,在你决定转专业之前,不妨去了解一下转入专业的课程设置,看看是否和你想象的一样,还可以去试听一些课程,实际感受一下课程内容和难易度。更进一步地,你可以试着去找到新专业的培养方案,具体了解一下四年的课程体系。每年新生入学时,很多专业都会举行新生专业见面会,会上都会介绍本专业的师资背景、课程设置、培养体系和发展方向等,这也是一个很好的了解窗口。

2. 我了解新专业的师资配备和专业氛围吗

不管转还是不转,专业给予你的不仅是知识技能,同时也包括了这个专业里的师长和同学等资源。你从他们身上学到的,不会比从这个专业本身学到的少。因此选择一个专业,也是选择和什么样的人在一起学习,选择让什么样的人来指导和训练你。你可以查阅新专业师资的相关资料,试着去接触一下新专业的老师跟同学,看看他们是否会成为你做选择的一个参考因素。

3. 我了解新专业的培养体系和就业方向吗

不管转还是不转,你都要了解,专业和就业并不是一回事。专业和工作、职业,并不是简单地对应关系,没有一份工作岗位叫作金融学、应用化学、社会学……同一个专业,也可能会应用到不同的行业和领域,并不是只有"专业对口"。关于这一点,后文还将详细阐述。

你想转入的专业,未来的就业方向与前景也可能与你想象的不同,不妨向该专业的辅导员或者专业老师请教了解一下。举一个典型的例子,许多家长和同学认为经济金融专业毕业后去银行证券公司比较对口,可是相关学院的老师认为,目前在互联网金融的背景下,反倒是计科电信的同学更容易进入这些行业。

4. 我了解（符合）转入学院对于转专业的具体要求吗

在做转专业的决策之前，还要去了解一下转专业的具体要求，看看自己是否符合或者能否达到相关条件。比如说你想转入的专业，对报名者的原专业有没有限制？在转专业的笔试中会考查哪些科目？报名的时间节点和具体的方式是怎么样的？面试又会以何种方式进行？往年的录取比例是多少？一方面这些信息了解得越充分，越能帮助你成功做决策；另一方面也避免一开始就在规则层面犯下低级错误。严老师在心理健康课程和心理咨询中不止听一个同学说过，因为他们对转专业政策了解得不够清楚，结果错过了报名或是资格审查未通过，让他们懊恼不已。

5. 我的选择是自发自愿的吗（我是否可以为这个选择负责）

对于父母包办型转专业的同学，特别需要问自己这个问题。不管转还是不转，你都需要理清楚，这样做到底是为了谁？有什么样的目的？转专业是否是出于自愿，还是只为了证明父母的选择是错的？如果你和父母的意见不一致，开诚布公地谈一谈，达成一致意见也许是决定是否转专业的前提。毕竟，父母无法替代你去读这个新专业，更无法替你去过选择新专业之后的生活。

三、专业选择背后，是专业与个人职业发展的关系问题

其实，专业的选择问题，本质上是所学专业和职业发展方向之间的关系问题。

严老师大致梳理了一下，专业和职业发展方向之间的关系，大致可以分为四种类型。

1. 门槛型

这种类型下，专业和职业发展方向关系十分密切，因为行业或者岗位的要求，只有这个专业的人才能够从事相关的工作。这也是为什

么有些高职高专的专业，如高铁驾驶、远洋运输、邮轮管理等，反而更容易就业。同时，一些考公、考编的同学，可能报考的岗位也需要有特定的专业背景。大学里这样的专业不多，但也有一些，比如近年来新兴的文物保护与修复专业。

2. 研究型

这种类型下，个人对专业有特别浓厚的研究兴趣，希望在这个专业里面不断深造，最终从事与专业相关的理论与实证研究。比如前几年引起热议的湖南高考文科第四名女生报考北京大学考古专业，就属于这种类型。

如果选择研究型发展方向，在考研或者考博的时候可以考虑跨专业，甚至有的老师会更倾向于招收转专业过来的学生，因为有跨专业的开阔视野。

3. 技能型

这种类型下，就是凭借专业的技术能力去求职就业。典型代表是各种理工科软件/硬件工程专业、管理类里面的会计学专业等毕业生毕业了即从事对应工作。不过技能型的就业，除了学科的学历背景之外，一般还需要一些专业技能证书的认证，比如注册会计师等。

需要指出的是，时至今日，有些专业技能已经不是非要在专业学科内才能学到，而是可以通过网络平台和相关资料自学。举例来说，严老师所在的心理中心有一个微信公众号，日常运营中的图片处理、视频制作、图文编辑等工作内容，都不是美术、新闻等专业的同学负责，而是由其他专业的同学来完成的。这些同学在大学阶段出于兴趣自学了专业以外的相关技能，表现并不逊于美术、新闻等专业的同学。

4. 综合型

大学专业提供的是一个学历学位的教育背景和知识技能，而你通过较强的个人综合能力，可以从事管理、营销、行政、项目运营等类型的工作。

如果你觉得自己的个人风格更适合综合型，那不妨在大学里选择一个学业挑战难度不太高的专业，把更多的时间精力用于提升自己的个人综合能力，以及增加社会实践和工作（实习）经验。

专业与职业发展关系一览表

专业与职业关系类型	专业与职业关联程度	职业发展方向
门槛型	极强	特定职业，事业编制
研究型	强	科研院所，企业研发
技能型	中	企业中的技术岗位
综合型	弱	企业中的其他岗位

如果你非常明确自己要进入某个特定行业，这个行业的工作岗位又需要特定专业学习背景而你目前专业不符，或者你想从事其他专业领域的研究，那么转专业就是顺理成章的考虑；如果你明确自己的能力优势和职业兴趣在于管理、营销等方面，那么你的重点不在于转专业，而是在专业之外提高通用的职业能力。

如果你的职业发展方向尚不明确，不必着急转换专业，可以利用大学阶段学好基础课程，如外语、数学、物理等，为未来继续深造打好基础，同时逐步了解自身的特点（兴趣、能力）和不同学科的具体情况，在大学里厘清发展思路，找到自己的发展方向。与此同时，可以选定一两个专业技能着重培养磨炼，无论是本专业的还是其他专业的都可以。

知己知彼（新专业），是转专业选择的基本前提；而厘清专业选择与自身职业发展方向之间的关系，是专业选择的核心命题。

最后严老师想跟同学说，专业不是成长的终点，更不应该成为发展的限制，专业，只是你认识这个世界的一个"窗口"。

第三节
了解这三点，面对社团不再选择困难

每年新生入学后不久，学校的社团就开始招揽新人了。严老师所在学校的学生社团还挺多，有将近一百个，社团招新被称为"百团大战"。招新当天，所有的社团都在学校的操场上摆摊设点，拉开架势，师兄师姐们卖力地吆喝、热情地邀请，恨不得每一个新生都加入到自己所在的社团。

看着这么多的社团，真的是"乱花渐欲迷人眼"，新生们往往不知道选哪个才好，有时候禁不住热情的师兄师姐的邀请，一口气报了好几个，后来发现不太适合，或者没有精力参加，觉得有些后悔，又不好意思开口说退出，进退两难很尴尬。

那么，参加学生社团究竟应该考虑哪些因素呢？严老师给你提供三个分析角度，让你面对社团不再选择困难。

一、选择合适的社团，要了解社团的类型

给自己挑选一个合适的社团，首先你要明白，社团和社团之间是有区别的，社团也分为不同的类型。

1. 兴趣爱好型

这种社团最为常见，数量最多，也最容易辨识，往往从名字上就能一目了然。比如吉他协会、玫瑰园诗社、影翼轮滑俱乐部、电影社、动漫协会、户外骑行俱乐部、月亮化石话剧社、大学生合唱团、

等等。加入这种社团的往往是有某种同样兴趣爱好的同学，社团举办的活动也大多是面向社团内部成员的。这种社团的加入和退出也相对自由，有的社团零基础也可以加入，也有部分社团会有一定的门槛，比如合唱团、器乐演奏团等。

2. 能力提升型

这种社团也比较常见，大多也能从名字上一眼就看出来，比如演讲与口才协会。有些不容易辨识的，可能需要去具体了解一下，比如未来管理者协会、晨曦女子协会，等等。这类社团举办的活动，除了面向内部成员之外，也面向社团外的其他同学。

3. 社会服务型

社会服务型社团有青年志愿者协会、曙光支教团、爱心超市等。这类社团的数量相对略少，因为它们的公益与社会服务性质，同样在校园生活中引起不少关注。这类社团举办的活动，除了面向社团外的本校同学，也会辐射到校外城市和乡村。

仔细琢磨一下我们就会发现，选择第一种社团，你选择的是你的兴趣；选择第二种社团，你选择的是你的能力；选择第三种社团，你选择的是你的价值。

所以严老师经常说，选择社团，就是在选择自己。

很多同学参加社团活动，比参加班级课外活动甚至是上课都更加积极、热心、投入。为什么？因为这是上大学之后第一次真正意义上的自主选择。这所大学、这个专业、这个学院、这个班级、这个寝室，都不完全是由你自己选择的，可是社团，却是可以由你自己决定的。

自己选择的，当然更愿意投入其中。

除以上三种常见类型的社团之外，还有两种类型的社团。

4. 专业竞赛型

专业竞赛型社团通常会以学科专业背景为基础，主要针对学科专业竞赛，因此成员也常常以本学科专业的学生为主。以严老师所在的学校为例，计科学院有一个新思路团队，主打编程设计；电信学院有一个飞思卡尔团队，主打机器人赛车竞赛。

5. 互助交流型

互助交流型社团通常以互助交流为主体，比如迷彩青年俱乐部，成员主要是部队服役期满返回校园的退伍大学生。

每一次的选择其实都是一面小小的镜子，折射出你自己的某一面，折射出你与他人的不同。

二、选择合适的社团，要了解社团带给自己的价值

1. 选择兴趣型社团，收获的是沉浸的乐趣

严老师不止听一个同学提到，他们在一场街舞、一次轮滑、一场无声的骑行中，获得了全情投入的快乐。那一刻，生活中的烦恼变得云淡风轻，在活动中，他们也找到了自信。

即使你没有参加兴趣型的社团，严老师也建议你从大学开始培养一项自己的兴趣爱好，让自己的内心更加充实。

2. 选择能力型社团，收获的是能力的提升

选择能力型社团，收获的一方面是有针对性的专业能力的提升，比如说演讲；另一方面可能是团队内部管理能力的提升，比如和小伙伴们之间的合作、成为负责人带领团队，等等。如果你参与或组织一项活动，你会了解并体验这项活动的全流程，收获相关的经验。对未来以求职为发展方向的同学来说，社团的工作经验十分重要，因为用人单位比较看重，特别是有成功组织大型活动的经验，这将成为加分项。

另外，如果是想提升自己的管理能力和经验，那么除了加入社团之外，竞选学校或学院的学生会、分团委组织，甚至班级的班干部，也都是历练自己、积累管理经验的途径。

3. 选择社会服务型社团，收获的是对社会的观察和对自我的探索

参加社会服务型社团，你将体验到更丰富的校园内外的社会生活，近距离观察到不同人的生活状态，以他人作为镜子，看清自己内心的选择。

对于内心有困顿，或者是找不到人生意义和方向的同学来说，主动参与一些社会志愿服务是一个很好的方法。通过近距离观察他人的生活，看到人生不同的可能，明确自己想要的生活究竟是什么样的。

有一位身处抑郁状态的同学通过参加志愿服务，重新找到了自己人生的动力和方向，看到了自己内心深处的光。

4. 无论选择哪种社团，都能收获友情的陪伴

严老师不止一次在上心理课或者做咨询时听到这样的故事：心情烦闷时我找围棋社友一边对弈一边倾诉心中的烦恼，一盘棋下完，心中的郁结也解开了；失恋的时候去找合唱团的小伙伴们哭诉，他们静静地陪着我、听我说，在他们的陪伴下，慢慢地，我从苦闷中走了出来；在参加学科竞赛的道路上，我遇到大大小小的挫折，在社团朋友们的鼓励下，最终还是坚持下来了；大四时，我求职屡屡碰壁，是和社团朋友们的交流，帮我完成了从"菜鸟"到"面霸"的转变……

大学时，我们正处于心理成长的关键期，在心理学上称为"自我同一性探索期"。有时候我们面对自己，会不确定、不自信，自我怀疑，彷徨迷茫，也会在探索新生活的成长道路上遭遇挫折打击，这时朋友们的陪伴与鼓励，就是情绪的"缓冲器"、心理上的"安全港"。一群志同道合、知我懂我的小伙伴，是社团带给我们的最大价值。

三、选择社团,最关键的是适合自己

适合自己的才是最好的,面对其他社团或者更多社团的诱惑,你可以做到"断舍离"吗?

1. 别人眼中的好社团,你舍得放弃吗

曾经有一位同学讲述了自己的故事:她希望加入新媒体社团,从中学习和锻炼自己的摄影技术,后来她被党委宣传部记者团录取了,但不是到摄影部,而是负责文字编辑工作。党委宣传部记者团是一个非常热门的社团,选拔通过的同学都是百里挑一,但是分配的部门却不是她真正想去的部门。如果是你,你会怎么办?是留下来还是坚持自己原来的选择?这位同学在半年之后退出了党委宣传部记者团,重新申请加入了另一个新媒体团队,并如愿进入了摄影部。

这其中的取舍,可能不是每个人都做得到的。而她能做出这样坚定的选择,是因为她清楚地明白自己想要的是什么。

2. 多个社团都有机会,你舍得割舍吗

有的同学进入大一的时候,对很多社团都感兴趣,觉得自己有很多地方都需要锻炼提升,报名了几个社团,都舍不得放弃。

严老师当年在大一的时候也是这样,不仅在班级里担任团支书,还参加了学院的杂志社,同时还报名了一个很难加入的社会实践团队。结果可想而知,最开始的时候手忙脚乱,后来静下心来理了理,还是决定先做好班级的工作和杂志社的工作,因为我更喜欢文字编辑工作,最终我退出了在很多人看起来很难得的社会实践团队。

兴趣型、能力型和社会服务型社团能带给我们沉浸式的乐趣、能力的提升和自我的探索。选择社团,最重要的还是从自身的需求出发。

现在,你选好自己想加入的社团了吗?

第四节
找到这三个人,你的大学就成功了一半

这些年在上心理健康课和做心理咨询过程中,严老师常听到同学们对学业和职业发展的困惑:"老师,我考上大学后不知道该干什么了。""老师,看到周围人都在考研,我好纠结,我该考研还是就业?""老师,我很想提升自己的外语水平,但是一看书就犯困……"

在严老师看来,这些困惑其实都可以归为三类:其一,不知道向哪个方向努力(出发点);其二,有了方向不知如何坚持(中途点);其三,努力中遭遇瓶颈不知如何突破(关键点)。这三类分别对应的正是个人学业和职业发展过程中的三个节点。

破解这三道难题,严老师在多年和同学们的课堂讨论以及咨询互动中,总结出了一个方法,严老师把它称为"找到大学里的三个人"。这三个人,就是你破解上述三道难题的关键"钥匙"。不夸张地说,找到了这三个人,你的大学就成功了一半。

那么,是哪三个人?为什么是这三个人?他们又是怎样帮到我们的?

且听严老师一一道来。

一、第一个人,是你的榜样

大一时,很多同学的困惑在于没有目标。目标,顾名思义,要能

看得见，最好还能摸得着。而最现实的目标，莫过于一个具体生动的人。榜样，就是一个可视化目标，是最为形象的参照。当你想象出甚至能看到自己想成为的样子，就能激发出极大的能量。以榜样为目标，也更容易认清自己，厘清发展路径。

因此，在每年新生的心理健康课上，严老师都会让同学们写下自己大学阶段确定的榜样，如果没有，就要去找一个。

有位令人印象深刻的同学这样写道："我的榜样是我们的班助某某学姐，她不仅成绩优秀，而且学生会工作也做得十分出色，我想成为和她一样的人。现在我加入了她所在的部门，争取在她身边向她学习。"

怎样寻找自己的榜样？

寻找榜样有两种思路。

一种思路是寻找和你条件接近、起点高度差不多的人，比如来自相邻的地区或者高考成绩接近的师兄师姐。这样，在师兄师姐大四毕业的时候，他们中的佼佼者达到了怎样的高度，是怎样的发展路径，自然就可以成为你的参考目标和方向。

在美国职业篮球联赛（NBA）新秀球员进入联盟之初，就会有职业球探根据他们的特点作出分析报告，指出某个球员的发展模板会是谁，比如有可能会成为"下一个姚明"，或者"下一个詹姆斯"。虽然不是每个人都能成为姚明，但每个人都可以从自己的特点出发，走出自己的成功之路。懵懂的"菜鸟"进入大学，凭借个人基础和发展意向，有可能达到什么样的高度，要走一条什么样的路径，越早明确这些，对自己的发展越有利。

其实，在大学里也有"职业球探"，这个人就是你的辅导员。辅导员带过许多届学生，他能够告诉你和你情况类似的同学在四年后发展的情况，同时也能帮你指出大学四年的发展路径。你要主动去向辅导员寻求这份"分析报告"，如果这份报告内容能再专业全面一点，它将会成为你的第一份个人职业规划分析报告。

另一种思路是寻找和你的目标方向相同的人。如果你已经有了大致的方向，那么可以在那条道路上寻找你认同的人作为榜样。以严老师为例，严老师在读大学时就是以《登天的感觉》的作者岳晓东博士作为榜样的。

在严老师的心理健康课的课堂作业上，有位同学写道："我的榜样是某某学长，我在学院的考研光荣榜上看到了他被美国的某某大学录取，而我的目标也是出国留学。我已经通过他的辅导员和他取得了联系，向他请教在大一时需要做好什么准备工作。"

如果你决定了要考公务员、考研或者是出国，那么选择同样方向的师兄师姐就是你的榜样。他们在大学四年里是如何规划安排自己的学习生活，这些可以作为你的参考模板和发展轨迹。

到哪里去寻找这样的榜样？请教你的辅导员还是首选。如果你是一名大一新生，正常情况下你的辅导员应该刚刚送走大四毕业生，他对选择不同方向的学生的发展状况和轨迹再熟悉不过，向辅导员请教，他会帮你推荐合适的榜样人选。还有一个渠道是学校和学院每年都会举办优秀毕业生论坛和国家奖学金标兵分享会，一般都会邀请不同发展方向的若干学生代表，总有一位能带给你启发。

找到榜样，有助于解决出发点的目标激励问题。

二、第二个人，是你的伙伴

假如你是一名来自边疆的少数民族学生，普通话不标准，上台发言常常让台下的人听不清楚，英语口语更是说得磕磕巴巴，你会怎么办？

如果你是一名从军营退伍回来的大学生，时隔两年重返校园，发现校园生活有点陌生，当年的同学已经大四即将毕业，一起学习的同学原本应是自己的学弟学妹，这时的你又会怎么办？

这是发生在严老师所在大学里的两位同学的真实故事,他们突破瓶颈的办法都是寻找小伙伴一起努力。

第一位同学约上和她有同样困扰的小伙伴,利用课间休息时间,在教室的讲台上大声地演讲,周末时走出校园,一起到人多的地方练习发音。这样的练习一个人是坚持不下来的,一开始也会脸红心跳,有了小伙伴,就能相互鼓励、相互支持。后来这位同学不仅克服了普通话不标准的困难,还因为在大学里表现优异,获得了留校任教的资格,成为一名光荣的学生辅导员。

第二位同学则是通过学校的迷彩青年社团,遇到了和他一样从军营退伍回来的大学生。他们一起讨论,一起交流,彼此分享重新适应大学生活的经验。就这样,他顺利完成了从军营回到大学的过渡,不仅拿到了国家奖学金,还担任了大一新生的班主任助理,用自己军营里的人生经验,带着同学们一同成长。

中南民族大学官方微信公众号推文

相信大家一定被上图里的新闻吸引过,你可能会感叹学霸们怎么都住到一起了,其实这里面除了个人的品质,还有团体的力量。心理学上有个概念叫团体促进,说的是个体在团体环境的作用下,会比一个人时的表现更好。比如聚餐的时候,你的食量可能会比一个人吃饭时大,这就是团体促进的效果。有了伙伴,就能相互鼓励监督、讨论分享。1+1的结果,在这里大于2。

对于部分有了目标的同学来说,最大的困难是坚持。待在宿舍里的诱惑太多,冬天温暖的被窝、好看的美剧等;干扰的因素也多,室友打游戏的键盘声、聊天的嘈杂声等。有了目标之后,在执行的道路上确实不易坚持,时常会有挫折、怀疑、懈怠,没有志同道合的人一起扛过风风雨雨,你的彩虹可能会来得晚一些。

伙伴要到哪里去寻找?从前面两位同学的例子可以看出,既然是寻找志同道合的人,那就去寻找和你有一样困惑或者是和你有一样目标的人。学校里的社团是一个可以考虑的渠道,校园网上也会有一些线索,还可以在现实场景中去发掘,比如选择考研的你,在常去的自习室里是不是能够遇到并肩战斗的伙伴?

找到伙伴,帮助解决中途点过程中的坚持问题。

三、第三个人,是你的导师

有的同学有自己的努力方向,也能坚持努力,但他的困境是不确定自己努力的成效如何,该如何进一步提升,努力的过程中遭遇瓶颈而自己无法突破。

看过综艺节目《中国好声音》的同学应该对"导师"这个角色不陌生。导师一拍按钮为学员转身是节目里的经典镜头,而导师的犀利点评,也让学员们收获了肉眼可见的突破与成长。都说"师傅领进门,修行在个人",但其实在你"修行"的一些关键点上,导师的作用不可或缺,这个时候你可能就需要一些有经验的导师给你点拨,有

时他的一个思路或者角度,就能起到"四两拨千斤"的作用,解开你的困惑。

严老师也有过这样的亲身体验。在读研毕业季的时候,严老师在继续从事理论研究还是咨询实务之间犹豫,不知如何抉择。这时严老师想起了榜样岳晓东老师,通过他课件上的邮箱联系上了他,约定了时间打电话向他求教。

岳老师听完严老师的困惑之后说:"其实你选择从事理论研究,并不意味着你就没有机会去做咨询实务;反过来,你选择了咨询实务,也还是有机会去做一些理论研究。两者未必是矛盾冲突、只能二选一的。"

岳晓东老师的这番话让我豁然开朗。

导师要到哪里去寻找?导师的人选可以是多方面的。按照能力发展模型,至少有专业能力、综合能力、个人管理能力三个方面。在学校里面,这三个方面分别对应的是专业老师、辅导员,以及学校其他专业人士。除此之外,针对你的具体发展方向,你还要去寻找更有针对性的指导者和评价者,可能是某个学长、某位专业老师,也可能是校外和网络上相关领域的"大牛"。你可以想办法联系上他们,诚恳地邀请他们对你的表现和瓶颈予以评价和点拨。最重要的是,你一定要主动去寻求指导。

找到导师,有助于解决关键点上的决策指导问题。

榜样、伙伴和导师,他们是你大学里顺利发展的有力保证,能带给你目标激励、过程坚持和决策指导。当你找到了这三个人,相信你一定会拥有不一样的大学生活。

第五节
关于"内卷"这道题,我有一个解题提示

每年新生入学后,有些同学会选择先享受一阵子大学里的轻松时光,而有一些同学则是一刻也没放松,一入校就定下了考研、保研、拿奖学金的目标,每天出入自习室、早出晚归。如果你的身边有后一类勤奋的同学,你的内心很难不焦虑。每年在心理健康课上都有同学向严老师提问:"老师,我该参与'内卷'吗?不参加,担心与优秀的同学差距越来越大,参加吧,又觉得那种学习生活状态不是自己想要的。"

关于"内卷"这道题,严老师有一个解题提示,那就是"成长,不只有向上一个方向"。

2020年下半年,《三联生活周刊》一篇关于"小镇做题家"的专题报道在朋友圈刷屏,清华大学副教授刘瑜所作题为《不确定性的时代,教育的价值》的演讲,也在网上引发了热烈的讨论。

如果所有人都奔向同一个方向,但是所有的比赛都只有一个冠军,那么是不是大多数人都只能是失败的一方?

北京大学中文系足球队的故事,给我们呈现了一道别样的风景。中文系在院系比赛中被踢出0∶12的"大比分",但他们快乐踢球,幽默自嘲,甚至把球队的公众号名称从"中文男足"改为了"Just Lose It"。

"中文男足"主创人之一胡珉瑞说:"我们提倡'Just Lose It',

并不是在质疑奋斗的意义,也不是一味纵容甚至宣扬失败,只是希望开辟出另外一条道路,与主流的观念对话,给这个时代的年轻人一个喘息的机会。我希望大家有选择回到舒适圈的权利,不要被外在的社会标签限制了自己的人生价值,或者起码不要把自己的人生全部押在某一条赛道上。还是那句话:'退一寸有退一寸的欢喜。'"

严老师从 2018 年开始写推文,随后几年里,因为科普宣传的需要,其他高校心理咨询中心的多位老师也开始写心理推文。严老师一度有些失落地发现,原来自己并不是最能写的那一个。

但是,赢过别人真的那么重要吗?严老师喜欢写文、喜欢分享,以此来记录自己的工作与生活,这就足够了。

成长,不只有向上一个方向。

一、成长,可以是向下和向内探索自己

充分地了解和接纳自己,才能激发出最大的热情和潜能,而这才是你最宝贵的资本。有些人很早便成功了,有可能过早地耗尽了热情和精力;而有的人,每一步走得稳,底子打得厚,也能够在青春的后半程,逐渐显示出自己的实力。

在生活中,有人追求轻松有趣的愉悦感,有人追求竞争胜出的成功喜悦和统领全局的掌控感,有人追求专心研究问题的沉浸式感受,也有人追求帮助他人的成就感和服务社会的使命感。

价值感的四种主要表现形式

严老师工作的大学，每年都会举办一场"三好学生标兵"论坛，参与的学生标兵们会分享他们的故事。有一年，有两位同学的分享让严老师印象深刻。有一位学法律的同学，她真切体会到学习法律的价值，是她在暑期实践中参与到完善地方文物保护条例的时候；另外一位学美术的同学，则是在帮助小朋友们时，感受到画画的乐趣和专业的价值。

成长，不是为了战胜他人，而是为了发现自己。

因此，相比眼下的成绩，严老师更关心的是你内心的勇气与信心、好奇与热情。

以在疫情防控期间做志愿者为例，如果想要参与其中，贡献自己的力量，是设计一份生动的宣传海报，在现场提供志愿服务，组织安排调度人力、物力，还是参与研究疫苗的开发，开发一个防疫小程序，整理分析防疫数据？哪一种活动最能让你感到自己的价值？

韩寒导演的电影《后会无期》里有一句台词："你连世界都没有观过，哪里来的世界观？"同样，如果从来没有体验过运用所学知识帮助他人与社会，哪里来的价值感？前面有聊到"小镇做题家"的话题，的确，做题一般不创造价值，只有做小镇发明家、科学家、企业家、活动家，才会有明显的价值感。

如果你暂时没有找到自己的价值感，不妨利用大学期间找机会了解一下。可以去打工、做实习生、参与社会调研、做义工志愿者，体验不同的生活状态和不一样的价值感。观察不同的生活方式，去发现自己究竟想成为一个什么样的人，什么样的活动最能够激发自己的生活热情。

"找自己"这件事情比较奇特，单纯地向内寻找往往会陷入迷茫。所谓以自我为中心，其实是没有真正打开自我的表现。只有向外以他人和世界为镜子，找到和这个世界的联结点，才能真正照亮那个内心深处的自己。

二、成长,也可以是向四周延展

世界不断发展,也面临更加复杂的挑战。我们无法知道下一道世界难题是什么,我们能确定的是,今后还会不断有挑战等待我们去解决,我们需要更多的创新。

创新就意味着要在两个以上的领域或者能力之间形成跨界和融合,这就意味着你的兴趣和关注点要更加多元而发散。

因此,成长也需要向四周延展,多发展一两个兴趣,也许比提高一些名次更为重要。社团以及相关的爱好对你的成长也很重要。

现在教育界有一个新观念——培养"π型人才",指至少精通两个领域的复合型人才。举例来说,乔布斯对科技和艺术的极致追求成就了苹果;马斯克对科技的热爱和对成本的控制成就了特斯拉。

严老师选择的跨界是心理咨询+写作,碰撞出的另一个领域是心理科普,其实写作本身就是一个奇妙的心理过程。

根据霍兰德职业兴趣理论,人的职业兴趣与偏好可以分为六种,其实也是六种能力倾向,分别是关怀(听)、影响(说)、整理(理)、操作(做)、思考(想)、创意(写)。

严老师曾听电信学院的辅导员讲过一位毕业生的故事。这位同学专业成绩很一般,但是特别擅长与人交流。他去招聘会面试一家互联网公司时,负责招聘的工作人员已经开始收摊了,但他坚持劝说对方给自己一个机会,结果真的让他争取到了,最终他被这家公司录取。企业看中的应该是他沟通表达和影响他人的能力:今天你可以说服我,明天也有可能说服客户。

职业兴趣/能力倾向示意图

企业部门和团队里面通常都是不同能力的人相互搭配，协同作战。了解自己能力的优势与短板，才能为自己未来发展找到合适的定位，找到属于自己的"打法"。

举例来说，举办一场班级晚会，你是擅长出谋划策，还是擅长布置现场？是能熟练地统计财务状况，还是能妥善安排大家各自的任务？是愿意执行整体策划方案，还是愿意在不同小组之间沟通协调？

对你来说，你的跨界选择会是什么？

对普通人来说，与其单向发展，不如保持弹性，多元碰撞。只要愿意学习，没有接触过的领域也能涉足，没有机会的地方也会冒出机会。

三、只要有学习的热情，总能在不断发展的社会里找到新的机会

有同学说："严老师的话是有道理，这碗'心灵鸡汤'我喝了，但没有好的成绩，没有证书，怎么可以找到工作呢？就业才是最硬的道理啊！"

还真可以。

微信公众号"秋叶大叔"里有一篇文章写到，2020年上半年，公司严重缺人。

"没有办法，要走的总是要走，我们线上运营团队是问题最严重的，本来有10来个人，结果走到只剩3个人，那么多项目要推进，怎么办？

"我们团队主管只能想办法找人，只要是个人，只要能确保工作时间，愿意来帮我们做线上运营，我们都用。

"人才甄选，不选了，你来就是态度！

"系统培训，没有了，网上边看边学！

"严格管理，不用了，我们结果导向！

"新人一进来就拿着手机、电脑开始线上办公,有的人做了3个月了,我还不认识她是谁,根本就没机会见过本人啊。"

你看,只要有时间、有态度,就有机会。

以前说,不同的大学像是不同的列车,重要的是你到达的终点。但不同的列车,沿途风景也有所不同。如今,只要连上网络,无限的学习资源就像风景一样,平等地向每个人公开。

且不说国内外高校的免费课程资源,在高等教育网络之外,还有许多可以学习的平台。即使在"B站"(www.bilibili.com)和抖音平台,也能够学到很多东西。因为愿意学习,武汉工程大学的学生获得机会为武汉市委书记制作PPT。

如今,在这个互联互通的时代,想在网上找到志同道合、可以学习请教的人并不难,大学本身的界限已经不存在了。即使是在现实生活中,无论你在哪所大学,只要你想寻找榜样、伙伴和导师,一定能找到。

用心向内了解自己,向外扩展能力,选择适合自己的细分赛道,差异化发展,这就是在"内卷"时代的破题之道。

第二章
人际沟通
——拥有良好人际关系的人更幸福

第一节
让《西游记》告诉你，大学里什么样的性格更受欢迎

做一个受欢迎的人，是许多大学生给自己设定的人际关系目标，也有些人会把大学里的人际交往作为未来职场的预演。那么，在大学里怎么做一个受欢迎的人？严老师从心理学中经典的大五人格模型出发，结合古典名著《西游记》，来跟大家聊聊这个话题。

大五人格模型是现代心理学理论中非常经典的性格模型，它将人的性格特征展开为内向性或外向性、尽责性、开放性、宜人性和稳定性五个维度。那么，是否有的性格更讨人喜欢？具体展开来看，你会发现问题没有那么简单。下面我们就从这五个维度出发，聊聊性格与受欢迎之间的关系。

一、内向性或外向性

说到受欢迎，可能大家会先想到性格外向的人。的确，性格外向的人，在人际交往的初期比较占便宜，因为曝光度比较高，很多场合都能见到他的身影，很多话题都会听到他的声音。

《西游记》里，猪八戒是外向性格的典型代表。他能说会道，左右逢源，要不是在婚宴酒席上喝醉酒现出原形，差一点就成功入赘。但，毕竟是差一点。

外向的性格，如果不具备做事认真负责的态度，久而久之会让别人认为此人性格浮躁、不靠谱。很多年以前，心理协会有位外联部部

长拍着胸脯说:"严老师,你放心,这次活动如果赞助商谈不下来,我向你负荆请罪!"此话一出,外向性格表露无遗,但确实是有点浮夸了。

反而是内向性格的人,习惯认真学习与生活,分享自己的所思所考,更能长久地赢得大家的认可。所谓"路遥知马力,日久见人心。"网络时代,表达的渠道增多,其实给了内向的人更多的机会。

如果你是内向的人,在大学里,可以找机会多加练习在众人面前流畅地表达,但不必把自己变成外向的人。

二、尽责性

尽责性的性格特征指的是对事情认真负责的态度。

外向的性格同时要有责任心,性格才趋向平衡状态。

猪八戒虽然性格外向,每次化缘,师傅都会先派他出马,但一遇到妖魔鬼怪,他就嚷嚷着要散伙。

而孙悟空则是既外向又尽责的典型代表,虽然偶尔也会耍脾气回花果山,但是降妖除魔从不退缩,所以才成为人人拥戴的美猴王。

尽责性也是企业招聘人才时看重的特征之一,有时候甚至超过了对专业能力的看重。

不少同学初入大学,苦恼于自己没有一技之长。其实,即使你暂时没有很突出的能力,但如果你有一颗尽职尽责的心,同样也能够获得他人的认可。

有责任心,通俗的说法是靠谱。靠谱的人在工作上有什么特点?足够用心、稳定表现、不推诿抱怨。

1. 足够用心

责任心,并不需要你有特别突出的能力,只需要你有一颗愿意付出的心。以严老师为例,严老师刚参加工作时有项能力有口皆碑,校对完的文字基本上不会出错，后来大家都常来找我帮忙校对他们的重要文稿。难道是我有什么特别过人之处吗？没有，只是我做事特别用心。

2. 稳定表现

稳定的表现是指做事情有稳定的质量，不要像段誉使用六脉神剑时灵时不灵。

3. 不推诿抱怨

即使你认为某项工作任务分工不合理，或者不是自己的职责，可以从更好地完成工作的角度出发和相关人员沟通建议，而不是公开地抱怨分配不公，或者一味强调是别人的问题。这一点，有时也叫作大局观、全局意识和团队精神。

三、开放性

开放性，指的是对新鲜事物能够持一种好奇而开放的态度。

《西游记》中，开放性不足的典型代表是唐僧。刚开始和孙悟空相处时，不能践行有教无类的原则，只是把他当作野性不改的泼猴，导致师徒反目，自己也被妖怪抓了去。后来在镇元大仙处，见人参果酷似人形不愿品尝，不仅自己辜负了对方的好意，也未能约束好自己的几个徒儿，以致闯下大祸。

而开放性的正面典型还是孙悟空。他交友广泛，遍及三山五岳、五湖四海，遇到难题总有好友可以求助，给他出谋划策。

在大学里，对不同类型的人与新鲜的事物保持开放欣赏的态度，能够让你积累更多的外界资源。举个例子，能跟五湖四海的同学们吃到一起，了解不同的饮食文化和地方特色，无疑会给你的人际交往增添许多机会。

四、宜人性

有好奇心是优点,但是好奇心太重,变成好奇宝宝也不行。还是以人参果的故事为例,孙悟空等人非要尝尝人参果的味道,结果捅出了大篓子。所以,性格开放的人最好还要兼具另一种性格特征——宜人性。

宜人性,指的是在人际交往中让对方感觉到舒适。

你的身边有没有某个人,让你感觉跟他(她)相处时如沐春风,特别舒服?这种性格的正面典型代表是沙师弟,他虽然言语不多,但是不该说的绝对不说,不该问的绝对不问。事事能够从对方的角度出发,守住自己与他人的边界。

大学里,有些同学对他人充满了好奇,但和对方相处时,却不一定能做到先听后说,先人后己。也有的同学做事认真负责,却拙于体察别人的情绪,让人觉得不近人情。

能否察觉和照顾到他人的感受,决定了你和他人交往的深度。这一点在心理学上,叫作共情能力。

他人有心事的时候,你能不能做一个合格的"树洞"?而"树洞"的最大特征,就是一直安静地在那里,只倾听,不评论。

五、稳定性

大家可能会认为情绪稳定的人比较受欢迎,其实不一定。当然,情绪稳定的人待人处事比较冷静平和,但也略显无趣,就像沙师弟被人吐槽在《西游记》里反反复复只有三句台词。而情绪不稳定的人往往有更好的感受力与创造力,显得更有人格魅力。《西游记》里,情绪不稳定的典型代表就是大师兄孙悟空,他性急如火、疾恶如仇,他的经历最能引起观众的共鸣。

对于自己的情绪,如果你能做到自我觉察、自我接纳和自我调控，就不必为此太过烦恼。

如果把情绪稳定与情绪不稳定、内向性与外向性结合起来，《西游记》里的师徒四人恰好代表了四种不同类型的风格。

《西游记》师徒四人的性格类型

所以，无论你是四种性格类型中的哪一种，都有可能成为受欢迎的人。

六、性格即命运吗

聊了这么多性格的话题，究竟性格对我们的生活有什么样的影响？

有一句话叫"性格即命运"，这可能是关于性格流传得最广的一句话了。

性格究竟是什么呢？

大家不妨看看校园里，既有绚烂一季的樱花，也有四季常青的樟树；既有温柔如水的垂柳，也有让人一言难尽的石楠。虽然桃红柳绿，千差万别，但并不妨碍它们各自成为季节里靓丽的风景线。

性格也是如此，它就是我们每个人的生活风格，也就是style。

就像历史中的曹操、孙权、刘备，虽然性格各异，但并不妨碍他们各自成就了一番事业。

那么，命运又是什么呢？命运其实是我们对过往生活的一种解释。

与其说性格即命运，倒不如说命运可以反过来影响性格，比如职业、婚姻等，会带来性格上的变化与调整。

严老师所在学校心理系的一位教授分享过，以前她的性格比较急躁，自从开始做心理辅导和心理咨询教学之后，她的性格因这份职业逐渐变得平和。

而严老师则恰好相反。我本来是一个性子温和的人，但是工作之后，因为有些事务工作需要迅速完成，反而激发出雷厉风行的一面。

所以性格决定不了命运，你可以通过它来认识你自己，但不必以性格为借口来"认命"。

有同学会问，那么什么会影响命运？从心理学的视角来说，其实是我们的信念和能力。还是以三国为例，诸葛亮过劳病逝五丈原，大家都说这是他的性格使然，而严老师认为这其实是他"鞠躬尽瘁、死而后已"的信念所致，同时，未将日常事务管理权分配出去也是他性格的局限之一。

相不相信自己的人生还有机会，这是信念；机会来了抓不抓得住，这是能力。而信念和能力，都是可以改变和提升的。

因此，无论是职场、婚恋，还是你的人生，不要再把性格作为"挡箭牌"，也不要把它当作人生发展的阻碍。它不过就是你的某种风格特点，每一种性格都有优势所在。真正影响到你的，其实是你的内在信念和你的能力。如果在生活中真的被一些问题卡住了，不妨先检视一下自己的心态是否需要调整，自己的能力是否需要提升。

性格本无对错，权且"将错就错"，重要的不是别人是否喜欢你，而是你是否喜欢你自己。

　　内向性或外向性、尽责性、开放性、宜人性和稳定性，这是性格的五个核心维度，如果你在每个维度上都具有一定的性格特征，你就能更好地与他人相处与合作，也就更有可能成为一个受欢迎的人。

第二节
照这"四步走",和谐寝室不用愁

根据严老师的观察,在大学校园生活中,最影响生活质量和心情指数的,莫过于寝室关系了。繁重的学习压力不是最痛苦的,寝室里的那些事,才是最让人头疼的。有同学在心理课作业中感叹:"严老师,和室友好好相处,怎么就那么难?"

从心理上来说,寝室关系问题的发生,在于我们还没能逐渐熟悉了解就因上学的缘故住到了一个屋檐下,物理距离的拉近超前于心理距离的接近。大家想想看,在自己的家中,和父母的关系那么亲密,自己还有一个独立房间,到了大学,大家洗漱起居都在同一个空间,自然就变成了一种挑战。大学生活就是未来生活的预演,即使不考虑未来工作后与他人合租,恋爱结婚的你也会与另一个人(还是一个异性)生活在一起,大学寝室生活正好让我们学习与不同生活习惯、节奏和需求的人共处一室,积累经验。

面对寝室共同生活的挑战,严老师总结了一个四步攻略,按照这四个步骤来走,每个人都能成为中国好室友。

一、第一步:把室友当成和你一样的人,尊重你们的共同需求

首先,大家在寝室的基本需求是什么?不就是让紧张学习了一整天的身心好好地休养放松一下吗?

那有什么因素会造成干扰呢？

也许是声音。可能你已经用了消音键盘或者是消音垫，可是夜深人静的时候，风声、雨声、键盘声，声声入耳。

也许是光线。为了赶功课，你只是点亮了一盏小橘灯，可是这黑暗中的灯光就像隧道尽头的光亮，光亮刺眼。

也许是气味。所谓"久入鲍鱼之肆而不闻其臭"，习惯了自己的味道是不太能闻得出来的，脏衣服、臭袜子，吃剩的外卖餐盒，还有螺蛳粉、榴莲等气味大的食物都会影响其他人。

也许是好奇。在大学，每个人的一天都会发生故事。也许别人并不愿意分享，可是"好奇宝宝"的你却连连发问，刨根问底，家事、国事、感情事，事事关心，令人厌烦。

如果能避开这些坑，自然就能一起愉快地玩耍了。

大家刚搬进同一间寝室，一般都会交流自己喜欢什么、爱好什么，而往往会忽略告诉对方自己在意什么，或者去了解对方最介意什么。有同学在心理课作业中分享她们寝室反其道而行之的经验：在制订寝室公约的时候，会询问大家最不能接受的是什么，先坦承各自的底线，寻找最大公约数，这样就能避免"踩雷"。

二、第二步：把室友当成和你不一样的人，尊重你们的个体差异

你可能会发问："同样是生活在一起的四个人，生活差异为什么就那么大呢？"

因为，你们就是有着各自特点的四个人。

每个人的情绪与行为风格，本来就是不同的。有的人喜快，有的人喜慢；有的人性急，有的人求稳；有的人外向，有的人内敛。

来到大学，不是为了寻找和我们一样的人，而是学会观察和了解不同的人，让不同性格的人带给我们成长。

每个人的语言风格也各有特色，语言沟通包括口头语言、书面语言与身体语言。不同的人说同一个词，表达的可能是完全不同的意思。

还有不同地区的生活习惯差异，比如饮食、衣着、个人卫生习惯等也是不同的。不过，这些仅仅只是不同，并不意味着孰优孰劣、谁对谁错。

我们强调尊重需求，说的是"己所不欲，勿施于人"，反过来看，己所欲，就能施于人吗？我们的生活习惯，能否轻易地套用到室友身上？

比如，有位同学在寝室里习惯随手拿用别人的生活用品，纸巾、洗发水之类的，久而久之，大家对此颇有意见。她感到困惑不解，对室友说："我可以用你们的洗发水，你们也可以用我的呀，何必分得那么清楚呢？"这是她的个人生活习惯，由此可见，她的个人边界感比较模糊。但是，这是她自己认可的思维，不一定别人也认可。以前和其他人相处的有效模式，也未必就能适用于和眼前人的相处中。

学习了解差异，达成平衡，是大学里的必修课。

三、第三步：把自己当成自己，尊重自己的独特内心

有一些同学遇到这样的困扰：室友们都喜欢看美剧，自己没看过，觉得无法融入大家，心情特别沉重；室友们都是学生干部或者社团骨干，一天到晚忙得热火朝天，只有自己是闲人一个，与他们没有共同话题，感到压力重重。

我们一定要把自己活成别人的样子吗？

我们是否在寝室关系上有一种观念："一室不扫，何以扫天下？"如果我连同寝室的室友都不能成为好朋友，我怎么能和其他人成为朋友呢？

其实寝室相处的核心在于生活上能够协调一致，个人的兴趣爱

好、前途发展方向是不是特别契合,倒也不必强求。

寝室关系是一种怎样的人际关系呢?它其实是一种相对松散自由的人际关系。所以,虽然大家相处一室,却不必把自己和室友捆绑在一起。说不定,你的知己在隔壁、在对门,甚至在其他楼层呢。

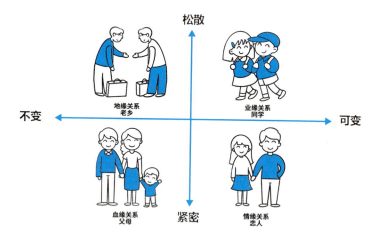

四种人际关系示意图

当你不知所措、寡言少语的时候,室友也不知道该如何交流互动,担心你心情不好又不敢找你说话。

而当你寻找到自己的天地、活得光彩照人的时候,你是自带光环的,自然能吸引他人的目光。室友们会好奇,今天的你经历了什么,发生了什么?他们也想听听你的故事。这不就有共同话题了吗?

四、第四步:用"我们"代替"你我",尊重寝室作为一个共同体

不少同学来咨询室聊过这样的苦恼:"寝室里有人习惯晚睡,沟通不了,辅导员也没辙。其他室友感到很愤怒,也很苦恼,但是实在没办法。"

严老师能体会同学们想早睡的心情，同时也请同学设身处地地想一想，你有早睡早起的习惯，其他人是不是也有晚睡晚起的权利？你怨室友睡得晚，室友也没责怪你起得早。目前没有达成一致意见，说明双方都有抵触情绪，还没有找到各自需求的一个平衡点。

共同体的意思，是需求得以兼顾，情感得以互通。

安排好作息时间，到底是照顾一个人的想法，还是大家共同的义务？如果你认为要依照你的想法，那么你会认为自己是一个受害者，你被对方欺负了；如果你认为这是你们共同的义务，那么你会把对方的感受和需求一起考虑。你会思考如何能兼顾双方的需求。如果希望室友能够稍微调整晚睡的习惯，自己又可以做些什么呢？是否需要给室友一些补偿？

"我被对方反驳了"是一种情绪，感觉我受伤了；"我们意见不一致"是一个问题，我们需要解决。两种心态，你选哪种？

严老师比较担心的是同学们在人际交往中习惯性选择受害者心态，其实我们更需要共同体心态。在学校里如此，进入社会更是如此。你会面对与公司同事在工作上的合作，也会和外人合租，甚至你和爱人的生活中，肯定也会有意见不一致的时候。不是每个问题都有是非对错，也不是每个问题都一定有一方受到了损失或者是受害者，而另一方就是问题的来源或是麻烦制造者。

也有同学会说："严老师，关于作息时间安排，其实我们是有约在先的，当时对方是同意的呀。"那么，建议你可以再去了解一下，是什么原因让对方违反了事先说好的约定，他的需求和处境到底是怎样的？

尊重共同需求、尊重个体差异、尊重自己的真实内心、尊重寝室作为一个共同体，这就是严老师推荐的和谐寝室"四步法"。按照这个方法去相处，绝大部分的寝室矛盾都可以避免。寝室不再是不想回去的伤心地，而是一个安全温暖的大后方。祝你们一室之内，相处愉快。

第三节
学会倾听与安慰,你就是他们眼中的知心人

我们有时会充当这样的角色——当朋友难过的时候,倾听他(她)的心事,安慰他(她)。

但是,你真的会安慰人吗?安慰朋友的时候,你说过这样的话吗?

安慰失恋的人:"别想他(她)了,将来一定能遇到更好的。""分开可能对你们更好。""他(她)不值得你难过。""他(她)早已放下了,你又何苦一直停留在里面呢?""至少你曾经拥有过。"

安慰遭遇挫折的人:"没事的,一切总会过去。""生活没有迈不过的坎。""振作一点,大家不希望看到你伤心的样子。""坚强点,这点事对你来说算不了什么。"

你觉得,这些话能真正地安慰到他人吗?

一、为什么有些安慰是无效的

要了解安慰的诀窍,就要先了解心理学上的"风车模型":心情、心愿、心态、行动。

只有心情被理解、心愿被满足,心态才能转变,并且行动起来。

所以从心理学的视角,安慰人的思路应该是觉察情绪、回应需要,要避免态度

"心理风车"模型

指导和行动建议。

大多数人通常会陷入两种安慰人的误区。

第一种叫"画大饼"模式。例如：一切都会过去的、一切都会好起来的、未来会遇到更好的……你想让他（她）放眼未来，可他（她）的心情还停留在现在，甚至是过去。这种模式背后的心态是太想让对方快点好起来。

有一句常用来安慰人的话："没事没事，我在这里。"前半句"没事没事"，其实是无效的安慰，真正发挥作用的是后半句"我在这里"。要知道，心情糟糕的他（她），需要的不是完美的心理学技巧，而是你在身边。

另一种是"教做人"模式。你直截了当地告诉他（她）该如何想、该如何做，可是如果不是他（她）发自内心的想法与行动，他（她）并不能真正做到。这种模式背后的心态是太想做点什么。

其实专业人士也会犯这种错误。以严老师为例，有一次，我的一位朋友轻叹了口气跟我说："这次体检发现了个大麻烦。"当时我心头一紧，脱口而出安慰他："还好发现得早。"看到他朝我尴尬一笑，我就意识到这句话并没有真正安慰到他。

二、有效的安慰是"怎么伴"

有两种安慰，一种叫"怎么办"，一种叫"怎么伴"。前者是着急为对方出主意，想让对方迅速恢复；后者则是先安抚对方的心情，允许对方在情绪中沉浸一会儿。

我们通过举例看看两者的不同。

假如你的一位朋友来找你聊天，告诉你，他考研失利了，并且之前也没有做好找工作的准备。以下是模拟"怎么办"的对话（你提问，他回应）。

问："你打算怎么办？"答："我不知道。"

问:"去跑一下招聘会?"答:"可是现在招聘会已经很少了。"

问:"在网上投投简历试试?"答:"我还没想好做哪个行业。"

问:"要不要先试试销售行业?"答:"我觉得我可能不适合。"

这样谈下来,你是不是觉得挺挫败的?

我们再来看看另一种"怎么伴"谈话的例子。

你的朋友告诉你,他准备回家考研"二战",因此要和女朋友分开一段时间。以下是模拟你们的对话(他讲述,你回应)。

他:"我还没把这个消息告诉她。"你:"的确是难以开口啊。"

他:"我不知道该如何开口。"你:"这确实是个难题。"

他:"我不知道下一步该怎么做。"你:"真希望我们能找到个好方法。"

他:"我可能会再考虑一下,看能不能去她所在的城市复习考研。"你:"这也是一个思路。"

他:"但我想还是要先告诉她这个想法吧。"你:"嗯,好的。"

在这段谈话里,安慰人的一方没有给对方出任何意见,但是,对方似乎就在谈话中自己慢慢厘清了思路。

这就是为什么我们经常把倾诉的对象叫作"树洞",为什么"树洞"有神奇的疗愈效果?因为"树洞"一直静静地待在那里,不评价、不指导,只是倾听和陪伴。

三、安慰式谈话的三个阶段

对方在向我们倾诉的时候,他(她)有哪些心理需求呢?他(她)可能希望:有人愿意陪伴,自己不是孤单一个人;自己的情绪和感受能够被看见;有人能看到自己的努力与付出,看见自己有走出困境的潜力和能力。

因此,双方的谈话也可以从这些需求出发,分为三个阶段。

1. 展现态度，用心倾听

当你准备倾听朋友心事的时候，请选择一个双方都合适的时间与地点，尽量确保不会受人打扰。心理咨询之所以要在专门的心理咨询室里开展，就是这个道理。

你和对方座位的夹角建议在90度到120度，这样既能看清对方的脸，又不至于两人四目相对，直视对方。身体坐到椅子的2/3处，当对方讲到动情处，你的身体可以向前倾。

双方坐定之后，你可以用一个开场白主动打开话题，例如："我留意到你最近情绪不高，好像有心事，有什么能帮到你的吗？""我看你最近好忙，不知道一切是否顺利，现在忙得如何了？"

如果一开始对方的话比较少，你想邀请他多讲一点的时候，你可以说："再多告诉我一点这件事的信息吧，能具体说一说吗？你还记得这件事情发生之前发生了什么，之后又发生了什么吗？"

偶尔也有例外，对方倾诉起来就像打开了话匣子，说到停不下来。你可以邀请他暂停一下，你可以说："我们稍微休息一下，安安静静地坐一会儿，想想你刚才对我说的话。我想你可能有一肚子话想讲，你可以考虑一下，你想更深入探讨哪个话题。"

2. 感受情绪与了解需求

我们有时会说："我懂你的感受。"还会说："我明白，我也有过类似的经历。"事实上，要了解对方的感受并不是一件容易的事，即使是类似的经历，每个人的感受也是完全不同的。

该如何陪伴对方呢？我们可以试着做两个步骤，第一是尝试感受他（她）的情绪，第二是了解情绪背后的需求。

比如一个刚刚经历了失恋痛苦的女生告诉你："我好恨他。"她的情绪是什么？有不甘、不舍和失望。这种情绪背后的需求是什么？可能她希望男友能对这段感情更坚持一些，而不是轻易地放弃，又或者她希望自己对这段感情的付出能够被男友看到。

中学课本上有一篇鲁迅先生的小说《祝福》，原文中有这样一段描述："'我真傻，真的，'祥林嫂抬起她没有神采的眼睛来，接着说。'我单知道下雪的时候野兽在山坳里没有食吃，会到村里来；我不知道春天也会有。'"从祥林嫂的话里能感受到她很后悔，很自责。

祥林嫂这句话背后的需求是什么？她希望大家能听到这份后悔与自责。那么我们应该如何回应呢？我们可以对她说："是啊，谁又能想到春天里还有野兽呢。"

只有这样，我们才可以帮助对方跳出情绪的困境。聊天就像一面镜子，它可以照进人的内心深处。

3. 挖掘潜能、激发实力

当我们感受到朋友的情绪，了解了他（她）的情感需求后，我们应该着眼于挖掘他（她）的潜能，让他（她）认识到自己有实力走出困境。有人说，给予别人最大的帮助是对他（她）说："我相信你能做得最好。"

我们可以试着用以下的问题引导他（她）走出思维的困境：你是如何度过那段时期的？你是怎样让情况没有变得更糟糕？抛开"但是"，你觉得这件事上你哪里做得还不错？跳出来看，现在你会怎么看待这个事件中的自己？

你也可以分享一些充满希望的故事，大部分时都是有帮助的。网上的故事，或者是你们共同认识的人的故事，都可以。你也可以鼓励对方大胆说出一直没有说出口的话。

当倾诉者得到足够的陪伴，就能重获力量改变心态，再次行动。重要的是，改变——是倾诉者自己的选择，而不是别人的建议。

最重要的还是倾听，有时需要重复这三个阶段，直到对方做好了改变的准备。如果你发现对方在思想和行为上还有犹豫或是选择困难，就要考虑是否还需要再多花点时间倾听对方的想法。

四、关于安慰的一些提示

首先,安慰没有时限,也不是要求。安慰之后要不定期地与朋友保持联系,用微信、短信或者其他方式都可以。如果关系亲密,可以打电话或是发微信告诉对方,可以不必聊天,只需要确认对方是否安好。有时候,人需要空间进行自我调整,你只需要陪伴在朋友身边就好。即使对方没有接受你的安慰也没有关系,他(她)愿意表达出来就已经很好了。

其次,安慰不只是言语,也可以是行为。你可以给予力所能及的支持,比如主动联系打招呼、写问候卡片;带他(她)去吃最爱的美食;帮忙打理生活、分担事务性的杂事;分享有趣故事或视频;等等。

最后,切记不要误入安慰的反面。

不作比较:"你看某某";不当专家:"听我的就好了";不说"马后炮":"你看我早说过";不当评论家:"你这样太懦弱了";不当建议者:"你应该直接拒绝对方"。

当你能做到这些,你就是他们眼中的"知心人"。

第四节
用好这四个小技巧，老师变导师，前辈变贵人

许多同学可能都听过，在成长之路上得遇名师或者前辈指点，他们成为自己生命中的贵人，比如在前面的章节里提到过的导师。在现实生活中，与其被动地等待名师、前辈的出现，不如主动把身边的老师和前辈变成你的导师和贵人。本小节，我们来聊聊如何主动与老师、前辈互动、交往，让他们为你的成长助力。

导师和前辈在哪里？不论是哪所大学，你所在的学院或者系所里一定有厉害的老师。如果你准备找工作，身边的辅导员可能就是指点你提高面试成功率的"高人"。即使是在学生社团里，师兄师姐里也一定有品学兼优、能力出众的人。有的同学遇到优秀的老师和师兄师姐，面对他们时脸红心跳，不好意思开口，更不敢去请教，只能远远地欣赏他们的风采。

严老师以和老师互动交流为例，给同学们支上几招，让老师变导师，前辈变贵人。如果是工作上与前辈交流，其道理是一样的。

一、"起"——自我推介

1. 设计自我介绍

人际交往中有一个基本原则，就是让对方记住你的名字，但这不是对方的义务，而是你的责任。因此，让对方较容易记住你的名字，就需要你提前构思一些巧妙的设计。中国地质大学心理中心杨琴老师

曾经分享过一位同学的案例，这位同学叫周颖，她给自己的开场白介绍是："大家好，我叫周颖，周恩来的周，邓颖超的颖。"这样大家自然一下子就记住了她。严老师介绍自己的名字是这样的："'严师出高徒'的严，'事后诸葛亮'的亮。"那么你也可以想想看，你的名字介绍可以怎样设计？

2. 名字要说三次

除了设计名字介绍，还要寻找机会多使用自己的名字。严老师认为同学们在与他人交往时，有三次机会可以介绍自己的名字。第一次是每次见面时的开场白介绍，哪怕是第二次、第三次见面，也要向对方介绍自己的名字；第二次是谈话结束时再次介绍自己的名字，你可以说"今天很高兴认识老师，我叫某某，希望下次还有机会可以跟您请教"；第三次则是回去后通过网络方式对对方表示感谢，可以再次强调自己的名字。这样，对方想记不住你的名字也很难了。

3. 提前做好功课

和老师交流之前，如果能够提前做一些功课，对老师的研究领域、重要作品或者是相关的观点有所了解，那么会在和老师的交流中增加不少印象分。

以严老师为例，曾经有一位学生助理和我初次交流时说："老师真是年轻有为。"当时我三十岁出头，所以"年轻"这两个字是一个准确的观察，而"有为"这两个字就显得稍微有点空洞。如果他能够说出在哪里听过我的课程，或者看过我写的文章，言之有物，效果就更好了。

4. 利用碎片时间

有些同学会抱怨大学老师下课后就离开，不像中学老师那样容易找到；也有同学会抱怨找不到辅导员，去办公室的时候总没有人。这的确是实情，但并非完全没有机会。比如老师上课的课间以及上课前的时间，有些同学可能会担心在课间向老师请教会不会打扰到他的休息，恰恰相反，老师们其实很希望通过课间交流获取同学们的反馈意见，帮助他更好地调整授课安排。当然，课间的时间有限，因此不宜提出过于复杂或者是过于重要的问题，但和老师做一些简单交流，让他对你留下印象肯定是足够了。

5. 随时用笔记本记录

同学们去和老师交流的时候，最好能够带上笔记本和笔，随时记录下老师说的要点。一方面是为了不会遗忘或者是记错一些重要信息，方便自己后续回看和整理；另外一方面也是通过这种方式体现出对与老师交流的重视。

6. 留下联系方式

最后，在结束面对面交流的时候，记得留下老师的联系方式。QQ、微信、电话号码都可以，具体选择哪种，以老师的习惯为准，为后续的联系留下机会。回去后要及时整理和老师的交流记录，如果有新的感悟体会，可以通过文字的方式发送给老师，同时再次向老师表示感谢。

二、"承"——主动参与

通过日常交流和老师逐渐熟悉起来，让他对你有了初步的认识和了解之后，就可以进一步与老师互动了，例如：主动申请做老师的助手，帮老师分担一些日常事务性工作。

你可以在日常交流中主动表明你的意愿，告诉老师你在空闲时可以帮老师处理一些事务性工作，需要向老师说明你具备的技能，之前做过什么样的工作，可以帮老师处理什么样的事情。比如统计数据、制作课件、校对文稿、查找资料等。这样，老师在需要人帮忙的时候，会更容易想到你。

据说诸葛亮当年求学的时候，也是每天帮老师挑水、打扫庭院。如今，虽然老师们不需要学生来做这些事情，但依然还有一些其他的工作需要帮忙。以严老师自己来说，每到学期末，期末试卷的登分、核对、整理，就需要学生助理来帮忙完成。

有一些工作并不需要太高的技术含量，主要是靠责任心，严老师刚读研时，在研一主要参与的工作就是帮助导师校对书稿。如果你还掌握了一些更有技术含量的技能，比如说数据整理分析、PPT美化处理，就能发挥更大的作用。

当你协助老师完成了这些日常事务，他就能够腾出更多时间精力来指导你。

这种主动参与有两层好处：一是可以跟老师近距离地交流，让他更进一步地了解你；二是可以近距离地观察老师的日常工作，回去后深度学习。古时候师傅带徒弟都是近距离观察，手把手地教导，甚至有时候徒弟要住到师傅家里，现在当然不太可能，但是能够近距离地跟着老师一起工作，无疑会让你学到更多。

三、"转"——适当请教

通过前两个阶段逐渐熟悉之后，你就可以跟老师深度交流、请教问题了。在你向老师提出问题之前，你需要清楚请教问题也是有章法的。要让老师能够轻松愉快且高效解答你的问题，你需要提前做好功课，站在老师的角度，为他提供清晰的相关信息。具体来说，这些信息可以展开为三个部分。

1. 界定问题——明确问题的方向和边界

提前和老师通过网络沟通，说明你想请教的是什么问题，以及为什么想请教这个问题，这样方便老师了解你所提的问题是否是他熟悉的领域。如果这个领域并不是他所擅长的，或者他认为有更合适的人选来解答你的问题，他可以向你推荐介绍。比如："老师您好，我的论文选题是XX方向，这次我想请教一下老师查找选题相关文献的问题。"

2. 提前说明——前期做了什么准备工作

向老师清楚说明，为了解答这个问题，你曾经做过哪些尝试、查阅过哪些资料或者请教过哪些相关的人，目前你的瓶颈在哪里，你认为解决问题突破的难点是什么，需要什么资源。

这些信息非常重要，可以帮助老师节省分析判断的时间。就像你去医院看病，医生会根据你的描述让你先去做一些相关的检查，拿到报告单后，医生才能做出进一步的诊断分析。

还是上面的案例，你可以继续对老师说："老师好，我在知网和EBSCO上用XX作为关键词搜索相关文献，但找到的文献很少。对此问题我也请教过某某老师，他的建议是把关键词替换为XXX，但再次尝试之后也没有搜索到更多文献。"

3. 界定行动——需要老师提供什么帮助

明确地指出希望老师从哪些方面给出建议，这样方便老师有针对性地指导，避免老师的指导和你实际的需求产生错位。同时，老师也可以在接到问题后就开始提前准备。

同时，大致预估一下和老师交流的时间，提出明确的请求，一般建议单次的交流时间不超过半小时。这样做的好处是方便老师灵活安排时间，看看他是否有合适的时间安排留给你。一旦约定好了交流的时长就不要超时，除非是老师主动提出延长时间。遵守交流时间，一方面体现出尊重老师的时间，一方面保持人际交往的边界感。

接着上面的案例，你可以对老师说："希望老师可以指导我，目前这个选题还可以从哪些资料库查找文献，检索的关键词是否需要调整。希望本周内有机会就此问题和老师进行二十分钟的交流。"

四、"合"——持续互动

在经历了请教问题这种深层次的互动之后，就可以进一步考虑加入老师的研究小组，参与他的研究项目了。

可以每隔一个阶段向老师汇报自己学习生活的进展情况。以严老师为例，我会在岁末年初的时候写一篇年终个人总结向老师们汇报，也邀请他们点评，有时候也会收获来自他们的鼓励。

汇报里有一个特别重要的点，即反馈老师们之前的指点发挥了怎样的作用，起到了怎样的效果。得到APP的CEO脱不花在她的著作《沟通的方法》里把这点归纳为"深深地赞美"，"它不是说赞美的言辞要多深邃，而是要表达对方对于我们的影响之深——我由衷地赞美你，因为你的优秀深深地影响了我"。

严老师上心理健康课的时候，有时会对一些同学的作业进行点评，有些同学收到后，会积极向我反馈他们的感受和启发，我收到之后也感到很开心。

同时，在节假日或者是过年的时候，可以专门编辑一段祝福信息发给老师，不要用群发的短信，否则不如不发。记得要在信息的最后写上自己的姓名和身份。严老师有一位来自新疆的蒙古族学生，毕业后每年的春节和教师节都会向我发送问候的短信，至今我都对她印象深刻。

自我推介、主动参与、适当请教、持续互动，这就是一个完整的与老师交往的起承转合过程。看过了这一节，你想不想去试一试？

第五节
假期回家如何与父母好好说话？试试"一二三"沟通法

假期回家，见到了久别的父母，有什么样的感觉，觉得父母有变化吗？

对于大一的同学来说，也许是第一次长时间离开父母，你和父母都是第一次体验分开后的单独生活。如果你是刚刚回到家，可以仔细观察一下父母，看看他们的模样、衣着、体态有什么变化，想想这些变化的背后，他们的生活又发生了什么样的变化？

也许你会感觉父母变唠叨了；也许你会感觉和父母谈不到一块了；也许你不知道怎么和父母好好说话了；也许要么不说话，要么一说话就吵起来……

如果你有这些烦恼，不妨看看严老师整理的"一二三"沟通法。

一、一个思路：共同成长

从发展心理学上来讲，孩子离家求学，父母的生活进入"空巢期"，之前十八年熟悉的生活模式不再，又要在新生活中寻找平衡，无论是身体还是心理都要重新适应。他们需要寻找新的生活目标和重心，形成新的生活规律。

你读大学，生活发生了变化，父母也要重新了解你，了解你的生活。对他们来说，虽然做了你十八年的父母，但此时此刻，面对的是"新"的儿子或者女儿。他们在学习做一个"新"父母，你也是否也在学习做一个"新"子女？你是回避和他们交流，还是选择相互理解？你是嫌弃他们落伍守旧，还是陪伴他们一起成长？不要小看你的父母，有相关调查研究显示，父母们玩微信的水平可能比你还要高。

不妨运用心理暗示的技巧：你希望你的父母是什么样的人，你就把他们看成是什么样的人。用在老师对学生的引导上，这又叫"自我实现的预言"。

二、两个关键词：尊重与坦白

要与父母好好说话，就要了解人际沟通的两个基本原则：尊重与坦白。

尊重什么？坦白什么？尊重和坦白的不是具体行为，而是彼此内心的情感需求、所持的生活观念，以及需求和观念背后的生活经历。

举例来说，父母给你夹菜，你真诚地说："爸妈，我知道你们想让我吃好，但是我确实吃饱了。"前半句是尊重，后半句是坦白。

从尊重与坦白的角度来说看，父母往往羞于承认他们对新事物的了解不够、办法不多、掌控不了，不太能坦然面对这些。相比起尊重和坦白，父母更看重秩序和威严，关注行为与要求。这样一来，双方的沟通效果肯定不会太好。但如果我们也选择怼回去，就和父母陷入言语和情绪的冲突里出不来了。

要做到尊重与坦白，我们可以给父母做个示范"打个样儿"，我们可以选择主动打破沟通僵局。

有同学会问："凭什么要我先尊重他们？凭什么不能是他们有所改变？"

其一，我们和父母就像是一个寝室的室友，他们不开心，我们也开心不了。所以要从共同体的角度去考虑，怎样能让大家都开心起来。

其二，相比而言，我们是更有可能突破局限、实现成长的一方，与其等待父母改变，自己主动调整成本更低、见效更快、获益更多。

其三，人际互动的另一个基本原则——不要想着去改变对方，而是为改变对方创造条件，让改变发生。你不希望父母改变你的生活，同样，你想改变他们的生活也很难。对父母来说，关心子女的生活是他们生活的一部分。当然，如果过度关心了，方法也是不对的。

三、三个招数：以退为进、釜底抽薪、反守为攻

搞清楚了与父母好好说话的基本思路与原则，再来看看与父母沟通的三个具体招数。

1. 以退为进——承认和适当满足父母的心理需求

回到家，你的一天是否是这样度过的？

早晨起床时，父母说："孩子，早点起床呀，活动一下身体，适度锻炼。"

中午吃饭时，父母说："多吃点，各种菜都要吃一点，营养要均衡！"一边说一边给你夹菜。

晚上睡觉前，父母说："不要老是躺在床上刷手机，对眼睛也不好，早点睡吧，熬夜很伤身体的，明天早上又起不来！"

一整天下来，感觉父母像唐僧一样，在你的耳边念"紧箍咒"，心情烦躁。

怎样看待父母的这种行为呢？

父母希望用自己的经验帮助你，但所用的方法有限，比如关注身体健康，他们的经验就是吃好、睡好，如果连这点经验也帮不上忙，他们会认为自己很没用、很多余，甚至感到焦虑。

如果被肯定的心理需求得到了满足，他们就不会那么焦虑，也许就不会那么催促你了。

有的父母就像小孩一样，期待被肯定、被表扬，如果我们一直忽视他们的需求，有可能会一直折腾下去。

那我们该如何见招拆招呢？

他们夹菜就让他们夹吧，尊重他们的努力，但吃不了也坦诚相告。如果你认为他们的某个经验还不错，比如买到了便宜可口的农家菜，要及时给予肯定；又比如某天下午他们一直没有来打扰你，及时表扬一下。

2. 釜底抽薪——不纠结于行为本身，而是讨论行为背后的观念和心愿

比如你说："爸，我想继续读历史学研究生。"但是爸爸说："哎呀，历史学出来了也不好找工作，你还是报考公务员吧，就像爸爸一样，现在就业形势不好，公务员多安稳。"

又比如妈妈对你说："我和你爸都想你回家找个工作，我们都给你想好了。"你说："妈，我想去深圳试一试，那边机会很多，我学的这个专业发展空间也大。"妈妈说："女孩子一个人去外地不安全，生活压力也大，你回来我们身边多好，还能相互照应着。"

如何解析父母的这些行为呢？

如果只是纠结于行为本身，谈话就没有足够的空间可以展开。

你和父母之所以行为不同，是因为生活经历不同。你和父母各自看到的世界是不同的，看重的点也不相同。

父母和我们所处的生活环境、成长的经历、现在所处的生活阶段不一样，观念自然不会相同。

但这些客观存在的差异，并不一定意味着冲突。只要我们按照尊重、坦诚的思路去沟通，差异不仅不是问题，还是优势，可以相互补充。在关系到个人的发展上，我们和父母各自考量的是什么，看重的又是什么？只有父母认为我们认真听取了他们的意见，并承认这些意见确实有可取之处，他们就会安心，至于最终是否要选择他们的意见，反倒不一定了。

哈佛大学心理学博士岳晓东在《登天的感觉》里讲过一个故事，

有位父亲想让孩子和自己一样选读法律，将来当个律师，孩子的意愿则是想读新闻，为此苦恼不已来寻求咨询。通过心理咨询探讨，孩子发现父亲其实想表达三种观点：其一，读法律对你有好处，希望你能了解；其二，我希望你将来能过得好，希望你了解；其三，我很关心你的生活，也希望自己能够帮到你，希望你能了解。当孩子了解到父亲的这些心愿，同时父亲也知道孩子明白自己的心意后，便不再坚持自己的意见，孩子也能向父亲说出自己的心声。

当双方坦白各自的心愿后，就会发现我们和父母的愿望是有交集的。比如：父母催我们锻炼是希望我们身体更健康，催我们恋爱是希望我们的生活有人关心，催我们学习是希望我们有更好的未来，其实这也是我们自己的愿望和需求。

那么该如何沟通呢？

可以各自谈谈所作选择背后的思考，以及相应的心愿，特别是要让父母完整说出他们的考量。同时使用"以退为进"，肯定他们意见中的可取之处，在双方各自的心愿中寻找交集。

3. 转守为攻——把关注点引向父母，让他们有机会坦白观点和需求背后的故事

你是不是经常听到父母这样说："这个寒假你有什么安排呀，考研开始准备了吗？""今天准备学点什么呀，怎么看你一点也不紧张啊？""怎么老是刷手机、看剧，没怎么看你学习呀？"

你在家，父母每天盯着你有没有在学习，频频询问学习进度，经常进出房间观察你在干什么，看到你玩手机就生气。

你是不是不理解他们的行为？他们的观点和心愿是怎么来的？背后有什么故事？你可以不认同他们的观点，但不妨听一听他们观点的由来。

如果我们把父母看作一本书，我们是否只看了封面和标题就觉得太过时、太陈旧、太无趣，觉得这本书不值一读。就像有时父母没开

口，你就知道他们要说什么一样。

这一次，要不要试着保持好奇心来翻一翻、读一读他们"这本书"，为什么要这么说、这样写？

如何拆招呢？

进攻是最好的防守，不妨"以彼之道还施彼身"，把关注点转移到他们身上，让话题不再聚焦于我们，这一招其实是"釜底抽薪"的延展。说不定，他们谈起自己比谈我们更来劲呢。

他们关心我们有没有学习，我们也可以问问他们当年假期怎么过的，怎么读书学习。进而再问问父母，在我们这般年纪的时候，他们在哪里，在干什么？他们又是如何从当年的那个青年，成为今天眼前的这个人？

所以，既尊重父母，也尊重自己；既对父母坦诚，也对自己坦诚。当你选择和父母共同成长，你会发现，和他们好好说话也没那么难。

一方面，他们很久没有和你面对面交流了，毕竟远程视频替代不了见面；另一方面，他们希望在你的生活中依然有存在价值，能给你关心和建议指导。如果你希望他们不再把你当作孩子，可以试着转换角色，像一个成年人一样，主动关心他们，了解他们的生活，把话题引向他们。他们需要的是交流，至于交流的话题是否是你，倒不是那么重要了。

共同成长、尊重坦白、见招拆招，这就是严老师总结的与父母好好说话的相处之道。

第三章

实习实践

——用职业标准塑造自己，工作不再"忙、茫、盲"

第一节
转变七个思维,"学生气"秒变"职场范"

常常听见企业老员工评价大学毕业初入职场的新人:"还不错,就是有点学生气。"在读书阶段有"学生气"并不是坏事,但在实际工作中,摆脱"学生气"是我们蜕变的起点。

什么是"学生气"?怎样能褪掉"学生气"?严老师认为,"学生气"的本质,其实是学生视角的思维方式,转变为职场人的思维方式是完成从学生到职场人蜕变的第一步。

下面是严老师总结的七种常见的学生思维,以及对应的职场人思维。大家看看,自己有没有中招。

一、从任务思维到服务思维

有一年,心理咨询中心添置了一批新电脑,严老师安排助理们给新电脑接上网线,助理们热情满满地答应了。很快,助理们便叫严老师来验收工作,严老师推开咨询中心的门一看,不禁哭笑不得。网线的确是连上了,但在网线接口和电脑之间还隔着一个柜子,而助理们为了快速完成任务,选择了让网线直接从柜子的前方接过去,而不是从后方绕过去。为了加固,他们甚至用透明胶将网线固定在柜子上。从柜子前方牵线的办事效率固然很高,但实在是不好看。更优的解决方案应该是让网线从柜子的后方贴着墙角绕出来,走暗线。严老师叫来助理们,笑着问他们:"如果你们是来访者,看到咨询中心里乱七八糟的电线,你们有什么感受?"有一位助理红着脸摇摇头说:"我会觉得有点不专业,办事太粗糙了。"严老师继续问他们:"那你们觉得这个会影响来访的同学对咨询中心的印象,甚至影响同学在咨询过程中的感受吗?"助理们点点头说:"会的。"

在工作中,时常把自己放到客户的视角,想想他的体验会是什么样的,这是提升工作质量的一个基本法则。

如何快速完成工作,这是任务思维;如何提升客户体验,这是服务思维。

二、从在线思维到"对表"思维

有一位辅导员分享过这样的故事。有一次他和学生聊天的时候,学生忍不住向他抱怨:"老师,我找你的时候总是找不到,每次去你的办公室,门总是关着的。"辅导员笑着反问学生:"你有没有想过,来之前跟我先预约一个时间,或者跟我确认一下我在不在办公室?有时候我可能会出去开会或者到其他的部门办事情,你有想过这种情况吗?"学生哑口无言。

以学生的视角,他们往往会以为老师是"二十四小时在线"服务的。实际上,即使是淘宝客服也做不到"7×24"的服务。

在工作中,客户都会有自己的时间表,每份工作都有工作时限。比如,经常有同学会错过火车票优惠磁条卡办理时间而无法购买到优惠火车票。

因此,在沟通合作中,提前了解对方的时间表是一项基本功。让自己配合对方的时间表,而不是让对方配合你的时间表。严老师曾听说过一个经典案例,一位经理的客户着急赶飞机,为了配合对方的时间,经理也买了一张机票,陪同对方一起飞到另外一座城市,在飞机上抓紧时间沟通,飞机落地后再买一张机票飞回去。

在职场上,你的时间不仅仅是你自己的时间,同事和领导也需要你的时间。同样，你使用的也不仅仅是你的时间，你还需要领导和同事的时间。最常见的，找领导签字，要找一个他方便的时间签完字，也是一门技术活。

日程安排就是职场人的"列车时刻表"，你要知道何时与他人的行程交会，才能更顺利地开展合作。所以职场上讲究"对表"、对时间，协调双方的日程，明确合作时间，不轻易打乱自己的时间表，也不轻易打乱别人的时间表。

让对方配合自己的时间表，这是在线思维；让自己配合对方的时间表，这是"对表"思维。

三、从离线思维到同步思维

曾经有位勤工助理新入职，严老师提醒这位同学需要在勤工管理系统中提交申请，她在网上回复："好的。"结果过了两天，勤工部的老师提醒严老师："这位同学的勤工申请还没有提交。"严老师感到很奇怪，便去询问这位同学，然后她告诉严老师："不好意思老师，我申请的时候只看见了研究生的勤工岗位，没有看见本科生的勤工岗位。我正准备下次来值班的时候再当面跟您问一下呢。"

有时，初入职场的同学就像是潜伏的地下工作者，默默无闻地干活，做了多少、做得怎么样、有没有遇到什么困难，别人一无所知。以这位勤工助理为例，当她申请岗位遇到困难时，应该及时向严老师汇报，老师可以知晓工作进展情况，并且及时给她一些提示，这样不至于在其他部门向严老师确认的时候，老师毫不知情。

你和上级之间，事情开始前要汇报工作的计划，过程中间要汇报工作的进度，事情结束了要汇报工作的结果，这样你的上级才可以同步了解事情的实时信息，做好整体把握，方便他向更高级别的领导汇报情况。这是管理的逻辑和秩序。

埋头苦干不汇报，这是离线思维；汇报实时有更新，这是同步思维。

四、从单线思维到全局思维

有一次，心理咨询中心的学生助理向严老师汇报："老师，咨询中心使用的咨询登记表没有了。"严老师便问："什么时候没有的？"助理回答说："上个星期的时候就没剩几张了。"严老师感到不解："上周为什么没有汇报呢？"助理红着脸解释说："因为这些表格是资料组负责准备的，所以我不知道该不该提。"

"学生气"的人，上级布置什么就做什么，只做分内的事，不了解其他团队的工作，不了解其他工作和自己工作的关系，也很少和其他部门团队互动交流。

职场人不仅要做自己分内的事，也要会观察和了解其他团队的事，还要会预计未来发生的事，会积极思考自己的工作与其他团队工作的关系，主动沟通协调，相互配合。

走一步看一步，眼中只有自己的工作，这是单线思维；走一步看三步，还能看到其他工作，这是全局思维。

五、从成长思维到成效思维

有一位人力资源经理分享过这样的故事。在招聘时他问一个应聘者："你为什么想来我们公司？"应聘者很诚恳地说："因为贵公司是业内很有名的公司，我感觉在这里能够得到成长。"这位人力资源经理笑了，他对应聘者说："你明天就可以来上班了，不过有一个条件，每个月你需要付给公司八千块钱。"这位应聘的同学听完一脸懵。

读到这里的你，明白这位人力资源经理想表达的意思吗？

从应聘者的角度出发，工作经历是一个成长学习的过程。

从企业的角度出发，招聘录用一个人，是希望他能创造出效益。

不是说工作中不需要成长，也不是说企业不培养人，而是说成长不再是工作的中心，效益才是。成长是工作的副线，切莫把这个当成主线。成长是需要自己去积累和争取的。

关注工作能给我带来什么，这是成长思维；突出我能给工作带来什么，这是成效思维。

六、从无限思维到有限思维

在职场上，在有限的条件下把事情办成，是职业精神的核心体现。"没有功劳也有苦劳"的说辞，在职场上大概率是行不通的。

以投入为界线，以结果为导向，这是职场的法则，同时也意味着，投入产出要有效率。不考虑时间、人力等投入成本，最终就算是把事情办成了也可能会毫无意义。

在职场上，任何一件事情都要设定时间界线。无论一件事情多么小，从一开始就要在时间表里明确时间安排和截止期限。类似"下星期再说"这种话，在职场上是不建议说的。

一件事情如果没有安排进日程表，以严老师的经验，大概两周之后就会被遗忘。但即使是一件小事被遗漏了，也可能会给你造成大麻烦，比如，大家在上学时常遇到的，忘了在规定时间内上交期末作业。所以每周要回顾自己的日程表。

职场上，不管一件事情多么重要，也一定要有一个限度，并不是无休止地去投入时间。比如写一份报告，可能很重要，但不是无节制地重复修改。这和大学学习时期不同，工作中是要讲究单位时间产出的。

不计成本、不设边界，这是无限思维；量入为出、以始为终，这是有限思维。

七、从个性思维到通用思维

央视主持人白岩松曾经提到，他在给学生上新闻学课程时，会让学生找不同的报道角度，后面的同学不能重复前面的。设计作品时，设计师也常讲求彰显不同的个性，体现鲜明的风格。

我们进入职场时会发现，彰显个性首先要做的是熟悉行业或者工作岗位的通用标准。

《流浪地球》的导演郭帆曾经到美国好莱坞学习电影工业体系，他发现在美国的电影拍摄现场，场记的记录规范甚至精确到字体和字间距。正因为有了这样的标准规范，整个电影工业体系才能高速地运转。

通用标准的好处是方便传递信息，便于分工合作。因此，当你刚进入一个工作岗位时，首先要熟悉的就是这份工作的通用标准。比如，对于行政工作来说，行文如何抬头、如何落款，正文字体大小、行间距的设置，这些都应遵从基本规范标准。如果你能迅速掌握一份工作的通用标准，你就能快人一步，迅速上手。

追求与众不同，这是个性思维；注重标准一致，这是通用思维。

好了，回顾一下，以下是常见的七种学生思维和职场思维的对比，大家在实习实践中不妨时常问问自己：我的思维方式够职业吗？

学生思维和职场思维对比一览表

学生思维	职场思维
任务思维	服务思维
在线思维	"对表"思维
离线思维	同步思维
单线思维	全局思维
成长思维	成效思维
无限思维	有限思维
个性思维	通用思维

第二节
对标四种能力，未来职场上更加得心应手

聊过了思维方式的问题，我们再来聊聊能力这个话题。未来以就业为目标的同学，在大学里都想通过实习实践锻炼自己的能力，那么在工作中应该重点锻炼哪些能力呢？

一、从职场人格到职场能力

心理学的行为风格研究领域里有一个DISC理论，指的是不同的人有着不同的性格和交际风格，掌握了他们的性格密码，你就掌握了和他们打交道的最佳模式。

这种理论将职场人群分为四种不同的风格，并把他们形象地命名为老虎型、猫头鹰型、孔雀型和考拉型。

老虎型，顾名思义，拥有和老虎一样的权威，雷厉风行、说一不二。这种风格的人最突出的是执行能力，最在意的是掌控感。

猫头鹰型，像猫头鹰一样明察秋毫，事无巨细都逃不过他的眼睛。这种风格的人最突出的是分析能力，最在意的是逻辑感。

孔雀型，一听就知道，他是人群中最耀眼的存在。这种风格的人最突出的是感染力，最在意的是存在感。

考拉型，他可能是人群中最不起眼的存在，但也可能是最温暖的那个人。这种风格的人最突出的是共情能力，最在意的是被看见。

在严老师看来，与其说是四种不同类型的职场人格，不如说是四

种职场核心能力：执行力、分析力、感染力、共情力。无论是领导还是员工，在工作的过程中都会在相应情境下扮演某种角色，用到某种能力。

二、从职场案例看职场能力

1. 像老虎一样的执行力

假设你和你的朋友一时兴起到郊外骑行，结果到达目的地之后发现体力不支无法骑回来了，你会怎么办？这是《思维的精进：高效人生修炼手册》一书的作者刘sir亲身经历的故事，他最后的解决办法是在手机上约了一个搬家公司，把他们和自行车都一起带了回去。

曾经有一个经典案例：一家中国乡镇企业引进了一条肥皂生产线，使用了一段时间后发现这条生产线有一个bug（缺陷），偶尔会出现盒子里面没有放肥皂的情况，如果将系统升级的话，需要再追加五万美元费用。老板叫来生产线主管："给你五千美元，解决这个问题。"主管冥思苦想了好几天，买了一台大功率风扇放在这条生产线旁边猛吹，没有装肥皂的空盒子自然就被吹掉了。

严老师的一位同学当年是一所学校某学院的学生会主席，有一次办活动时遇到了一个难题——活动现场需要一面超大型的背景幕布，印刷公司报价高达几千元，但因为这种幕布使用过后不能再重复使用，学院领导没有批准这笔经费，但活动还是需要背景的，怎么办呢？他最后想了一个办法：先到布料店按照背景的尺寸采购了足够面积的白布，再到缝纫店请人把布料缝制成一整面幕布墙，又去杂货店采购了一些竹竿支架把幕布支撑起来，最后组织宣传部的成员用手绘和拼贴的方式完成了幕布的制作，全部的费用不超过一千元。

看过这三个故事，大家可能有点明白了，执行力的关键就是透过表象抓住问题的核心，即目标是什么？要怎样达成？如果常规的方法行不通，就要打破常规，采用一些非常规的方法。

2. 像猫头鹰一样的分析力

在企业里面，能够实时汇总汇报各项工作数据是一项基本功。

《不要等到毕业以后（升级版）》一书的联合作者黄晓敏（网名是"大头敏"）自己的经历就是很好的例证。工作后不久，她被领导安排跟进一个2.4亿元的大项目，项目在持续推进过程中，每个阶段都需要向上级汇报项目进度，呈现报表数据。于是她在Excel软件里建立了一个项目进度数据库，包括28个实施点、400多个子项目。领导无论什么时候需要实时数据，她都能从容地随时调出数据，生成报表，准确地报出数字供领导做决策参考。因为数据处理的基本功过硬，她给领导留下了深刻印象，也给自己争取到了更大的发展空间。

其实这项能力在大学中也会用到。举个例子：每年九月，一些大三的同学就会面临难题，是否要争取保研的机会和名额？是专心准备考研还是同时也冲击一下保研？究竟自己保研成功的概率有多大？不少同学一时难以抉择。如果是你，你会如何做决策？

这里同样可以利用数据分析解决问题。你可以了解一下保研考核相关指标的内容和权重，然后看近三年保研成功的学生在这些指标上的实际情况，比如说他的平均成绩绩点是多少，再看你在接下来的一年中有多大概率能达到相应的水平。这就能给自己提供一个相对准确的决策参考了。

3. 像孔雀一样的感染力

在工作中最能体现感染力的，恐怕就是公开演讲能力了。对于一些同学来说，编写一个程序、写一个策划方案、担任活动现场的执行人员都不难，可要他当众演讲，却把他难住了。

其实，能力都是可以学习、训练和培养的，通过刻苦练习，公开演讲也许不能成为你的强项，但至少不再是你的短板，拖你的后腿。

《高效能人士的七个习惯》的作者史蒂芬·柯维分享过一个经验：当你面对一群人演讲感到紧张的时候，不妨从人群中寻找一位观众，想象你是和他一个人在沟通，也许就能放松地进行演讲了。

严老师在和同学们的接触中观察到对公开演讲感到紧张的同学，往往都是善于思考、长于书写表达的同学。他们的性格也许偏内向型，但不代表他们没有丰富的内心感受和缜密的思维能力，相反，他们常常有令人叹服的观点和令人惊艳的文章。如果你也是这样的风格，可以先试着用文字的方式和他人沟通，然后在此基础上再不断突破自己的瓶颈，提高自己的演讲能力。

4. 像考拉一样的共情力

你所在团队中的一位成员A来跟你抱怨，说不希望被另一位成员B管理。但之前已经集体讨论过，团队决定了在当前这个项目中所有人都听B的指挥，A当时也同意。如果你是团队负责人，你会如何处理？这是《深度影响》一书的作者崔璀讲述的亲身经历。当时她并没有直接和成员A讨论对错，而是平复自己的心情，耐心地倾听对方讲述了十五分钟，并且在A的讲述过程中试图去理解他的感受和处境。当A讲完后，她发现对方情绪放松了下来，还表示也想听听她对这件事情的看法。最后的沟通结果是，成员A不再坚持改变之前团队的决定，而是平静地接受了。

这就是工作中倾听与共情的力量。共情的核心点是什么？站在对方的位置上去感受，尽力理解行为背后的内心想法，也就是常说的设身处地、感同身受。

当你在工作上有了经验积累，继续向上发展的时候，比如大一做干事，大二做部长，大三进入主席团，你就可能更需要具备感染力与共情力，它们是你从普通工作人员向管理人员转变的关键所在。

三、用职场工具提升职场能力

说了这么多，同学们一定会问："要怎么提升这几项职场能力？"严老师教你们用四个职场工具提升这四种职场能力。

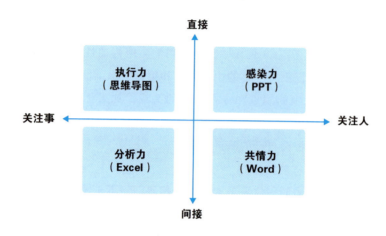

四种职场能力对应的职场工具

执行力对标的职场工具是思维导图。通过快速地提炼出问题的要点和框架，能够迅速地理解事件全貌、拓展问题边界、开放问题空间，快速找到解决问题的关键点。

分析力对标的职场工具是 Excel。通过对数据的动态跟进和梳理数据之间的关系，能够实时分析汇报最新的数据情况，同时能发现数据变化透露出来的发展趋势。

感染力对标的职场工具是 PPT。PPT 通过视觉优化，直观、形象、生动地表达出你的观点，感染和打动对方。

共情力对标的职场工具是 Word。通过文字的方式让自己平静、耐心、细致地去整理自己的内心想法，也可以通过文字交流的方式，更好地理解对方，贴近对方的内心世界。

当然，真正锻炼职场能力，还是要从实战入手。那对大学生来说，实战的机会在哪里？下一节我们就接着聊聊这个话题。

第三节
具备三个特征，让你在学生工作中脱颖而出

说到培养实习实践能力，担任学生干部是大学校园里的不二选择。那么，怎样才能做好学生工作，优秀的学生干部又都是怎么炼成的？严老师和带着一群学生干部的几位辅导员们聊天，发现能够脱颖而出的学生干部有以下三个特征。

一、有大局观与服务意识

大局观听上去有些高深，其实落到实处是非常具体而细微的。用我们平常话来说，就是眼里有活。

比如，有的学生干部早上到办公室值班，带上一杯水、一本书，来了之后就在值班的位置上坐下来，如果老师不分配任务，就会一直看书，到点下班就走了。

而有的学生干部来了之后，先打扫卫生，再把开水烧好。工作间隙会时不时询问老师有没有需要帮忙的地方，下班之前会整理好半天值班的工作记录，再和老师交接确认。

这些只是表层意义的眼里有活，还有深层意义的眼里有活。

辅导员师军强老师分享了这样一个故事。"我的学生会宣传部部长招聘了一批新人，在试用了一段时间之后，发现他们的写作水平一般。他感觉有点泄气，来向我抱怨。其实我希望他能思考的是，新人水平不够，那我们有什么办法可以帮助他们提高水平？能不能请其他

学院宣传部的优秀代表或者是文学与新闻传播学院的专业老师来给他们做个培训？"

有时眼里有活能给你带来意想不到的机会。曾经有个年轻人到德国留学，他在一家企业找了一份勤工俭学的工作，帮忙看守打扫仓库。工作之余，他盘点清理了仓库的库存，意外发现了一批封存已久的玻璃器材，为企业节省了一笔不小的费用，也因此受到了主管的赏识，随后获得了实习的机会，毕业后顺利地留在了这家企业。

由此可见，所谓的大局观，不仅仅是看到分内和眼前的事情，还要能看到相关联的或是未来可能发生的事情，向前看一步。

再来说服务意识。服务意识，指的是从对方的角度考虑工作内容，而不是只考虑自己完成任务，打卡下班。

严老师有一个亲身经历。有一次去教务处办一个手续，我先按照自己的理解去了一个科室，工作人员不在，只有一位值班的学生干部。我问："请问某某科的老师在吗？"学生干部告诉我："老师这会儿出去办事了，不知道还回不回来。" 对一般学生干部而言，可能回答到这里就结束了，但是这位同学随后问我："老师是来办什么事情吗？"我简单地说："我是来办某某手续的。"然后他告诉我："如果是办某某手续的话，您到综合科去办理就可以了。"到这里，这位同学的表现堪称优秀，说明他对各科室的业务非常熟悉，已经胜出了80%的学生干部。

但是还没有结束。接下来他又补充了一句："综合科在416办公室，您出门右手边第三间就是。如果您是办某某手续的话，找一位姓张的老师。"这次，他的表现令我吃惊。我向他表示了感谢，也忍不住问他："你怎么对业务这么熟悉？"他笑着说："因为这两天有好多老师都来这里询问这个业务，我听办公室的老师给他们解答过，于是就记住了。"

你看，所谓服务意识，不仅仅是做到有问有答"老师出去办事了",而是在自己力所能及的范围内为对方的需求提供最大的帮助。这位同学的表现不仅为他所在的科室增加了印象分,也可能为他本人的发展争取到更多的机会。

二、主动学习

主动学习有两层含义。

第一层含义是在工作中遇到了挑战和瓶颈,能主动去学习请教。

辅导员张竹云老师分享过这样的故事。"我有个学生干部,工作中遇到不会的事情就会去向老师学习请教。刚开始做党建材料时是个新人,但是他有个关系很好的同学在文学与新闻传播学院也做党建,他就主动去了解该学院有哪些好的经验,他们是怎么做的,再跟我确认可不可以借鉴。也就是我布置任务后,不用告诉他怎么做,他就已经在思考怎么去做了。"

主动学习的第二层含义是,主动提升基本的职业能力。办公软件的操作能力、写作能力和沟通能力是工作中最常用的三种能力。

在学生干部的日常工作中,统计信息是最高频的工作场景,其次是工作汇报和工作内容展示,因此熟练地掌握办公软件,及时完成任务,既能节省自己的时间,老师也省心。

写作也是学生干部工作中频繁使用的一项能力。无论是新闻稿、策划案,还是报告总结,简洁清晰是基本要求,生动有趣是进阶的要求。有点可惜的是,有些学生干部的写作能力还有待提升。反过来说,如果能有意识地提高自己的写作能力,就更有可能脱颖而出。

沟通能力也是学生干部工作中不可或缺的一项能力,在工作中你可能需要为老师、上级或同级学生干部以及同学们服务。沟通得好就是事半功倍,沟通不好则是事倍功半。

辅导员向红老师列举过两个反面案例。

"曾经有一位班长在班级开会的时候,首先介绍了自己,然后依次介绍其他的班干部。通常情况下我们可能会说，这位是团支书某某某，这位是学习委员某某某，但是这位班长说的是，这是我的助手某某某。也许他并不是故意想显得自己高人一等，但是这样肯定让其他干部感觉不好。

"还有一次是在学院学生工作的年终汇报会上，每个部门依次做汇报总结，本来大家讲得挺不错的，但是学生会主席团中突然有人责问其中一个部门负责人：'上次去打印店印刷策划案有没有事先向主席团汇报，有没有跟老师备案？'这样的话题其实并不适合在这样的场合提出，会让对方很尴尬。"

所以，沟通是一门技术活，想了解沟通的基本思路与技巧，可以参阅本书第二章。

同时，职业能力还包括了解一些基本的职业技巧。

比如：接打电话的基本原则是接电话方先开口。如果你在办公室值班接到电话，简明介绍身份给对方一个确认信息："您好，这里是某某学院辅导员办公室，请问您有什么事情？"

汇报日程的基本原则是不要超过两条，内容过多容易造成对方记不住。一条是马上要做的事情，另一条是在这项日程之后的下一件事，更多的日程可以用文字图表的形式呈现出来。

工作同步的基本原则是形成闭环。在工作推进的过程中，随着每一阶段的变化，时时汇报工作的进展，同时在工作完成之后予以确认。

工作汇报的基本原则是结构化。从问题、现状分析、解决方案三个方面来介绍，解决方案至少拟定两个选项，最后由领导决定选用哪个方案。

做会议记录的基本原则是要素完备。参会的时间、地点、与会人、发言人，最终形成的决议内容，决议的每个板块的执行者，期限等。

工作总结的基本原则是复盘迭代。工作开展的基本情况，最好用数据和图表列举出来；每项工作的成效以及对核心工作目标的贡献；工作中的经验、教训、不足以及下一次的改进措施等。

三、善于总结

什么样的学生干部成长得最快？辅导员们一致认为：善于总结的学生干部。有一位辅导员师军强老师分享过这样的案例："这是一位来自上海的女生，从大一时的干事到大二时的部长，再到大三的学生会核心成员，踏踏实实一步一步成长起来。她工作中最大的特点就是每次任务结束后，都会反思写一份总结笔记，遇到想不明白的地方会请教老师。她在做办公室助理的时候，也会观察我处理事情的方法。"

也有反面的案例。在实际工作中，辅导员们最怕的不是爱偷懒或者是责任心不强的学生干部，而是过于坚持自己想法、不能换位思考，显得有些执拗的学生干部。有位辅导员讲过一个小故事，有一次他给全年级的班级布置了一个网络安全知识学习的任务，结果晚上的时候他收到了一封信，是某个班的班长写给他的，信的大意内容是他们班经过讨论，决定不参与这次网络学习，理由有以下的一二三四条。辅导员哭笑不得。

在严老师看来，工作中举一反三的能力也是一项基本功。比如邀请专家来开展一场讲座，涉及的细节就有桌签、停车券、矿泉水、到场人员签到表、新闻报道的安排，等等。可以详细罗列一份清单，下次再举办类似活动的时候，就不用重新费心思考虑这些小细节。

我们经常说："失败是成功之母。"失败真的是成功之母吗？不，总结才是。

我们也常说："好的开始是成功的一半。"那成功的另一半是什么？是好的总结。

那么，怎样才算更好地总结反思？严老师从三个层面、九个维度梳理了一份反思总结表,并把它称为"三九感冒灵",因为它特别适合把受挫的体验转化为成长的契机。

"三层九维"总结反思表

关于这件事 (心理三元素)	①情绪	我的感受是什么?
	②需要	我的期望是什么?
	③态度	面对现状,我的态度是什么?
回顾这件事 (成长三元素)	④环境	有什么客观因素影响到这件事? 我对环境增加了哪些认识?
	⑤自我	这件事中,我的哪些表现值得肯定? 我对自己增加了哪些了解?
	⑥事件	对这件事有什么心得? 哪些地方可以加以改进?
如果想更好 (行动三元素)	⑦目标	第一步目标是什么?谁是榜样?
	⑧过程	怎么坚持下来?谁是战友?
	⑨效果	效果如何评价?谁是导师?

具有大局观和服务意识、主动学习、善于总结,这就是成为优秀学生干部的三项核心竞争力。如果你也有以上三个特征,相信能很快从同龄人中脱颖而出。

第四节
掌握四个要点，合作既顺利又愉快

在本章的最后一节，严老师从学生会和社团活动中的一个具体场景出发，看看怎么具体开展工作。

办活动、请专家、与他人及机构合作，是学生会和社团活动中的常规工作。那么，怎样顺利地与对方达成合作，并且带给对方良好的合作体验呢？下面严老师以邀请他人办讲座为例，分析其中的四个技术要点。如果你能掌握这四个要点，即使之前是零经验，合作之后也会被对方评价"靠谱"，甚至愿意继续合作。

一、邀约

作为一名心理咨询老师，严老师经常会收到来自学生的合作邀请，比如收到这样一条短信："严老师您好，想请您做一场心理健康教育方面的讲座，不知道可以吗？"

如果是你收到这条短信，你的感觉如何？

你可能会有点摸不着头脑，因为这条短信最大的问题是：没有先亮明自己的身份。严老师不知道对方是一位同学还是一位老师，也就无从回复，更不要说进一步讨论合作的事宜。

接下来看看2.0版。"严老师您好，我叫某某某，是管理学院心理健康部的部长，我们想邀请您做一场心理健康教育方面的讲座，不知道可以吗？"

这条信息亮明了身份，明确了合作方，比第一条信息内容稍微完整些，但似乎感觉还差了点什么。

再来看3.0版。"严老师您好，我是管理学院心理健康部的同学，我叫某某某，我们想请您为我们大一的同学做一场针对新生的心理健康教育讲座，时长大约一个小时，不知道可以吗？"

这就是一条合格的邀请信息了。一条标准的邀约信息，应该包括亮明身份、说明来由、提出需求三个部分。在2.0版里，信息里虽然提到了讲座的主题但没有说明讲座的对象，3.0版中补充了这部分内容，具备了邀约的三个核心信息。

那么3.0版信息是否还有提升空间呢？

我们再来看4.0版。"严老师您好，我是管理学院某某老师的助理，他让我来和您沟通下，我们想邀请您为大一新生做一场心理健康教育方面的讲座，时长大约一个小时，时间初步定在下周或者下下周周四下午或周五的晚上，地点在我们学院的多功能厅，不知道能否有幸邀请到您？"

可以看到4.0版比3.0版对需求描述得更加具体，这样方便受邀者根据信息内容做出决策，考虑是否能接受邀请。

有同学可能会有疑问，这条邀约短信，信息量是否太大了？其实大可不必有这样的担心。一方面，你发送的是文字信息，对方可以准确接收，反复阅读，从容考虑；另一方面，因为提供了内容完整的信息，对方可以根据这些信息直接考虑能否接受你们的邀请，省去了反复征询的过程，总体来说反而节省了时间和精力。

最后一点提示：如果是邀请对方合作，最好是提供几个时间段让对方来选定具体时间，这样就更有可能邀请到对方。

二、协商（说服）

不是每一次邀约都能顺利成功，更多时候需要你与对方协商讨论,或者说,说服对方与你合作。那么,说服的内在逻辑和要点是什么?

我们来看下面这个例子。

有一次,严老师所在学校某学院新媒体中心的同学来申请借用心理咨询中心的房间,准备做人物采访的拍摄。说明来意后,我告诉她咨询室主要是给同学们提供心理咨询服务的,原则上不对外借用。

一般情况下,被拒绝之后,同学们都会知难而退,但这位同学想了一想,继续提问:"老师,咨询室原则上不外借,是不是有什么特别的考虑,或者担心借出后对咨询中心的工作有一定的影响?"

我点点头说:"是啊,同学们咨询需求量比较大,房间的资源比较紧张,同时咨询工作对安静的环境要求比较高,怕受到打扰。"

听完我的解释,这位同学想了一想,笑着对我说:"老师,这次拍摄的内容是一个人物采访,类似于心理咨询的状态,我们对环境的要求也比较高,所以整个拍摄过程也会非常安静,应该不会打扰其他的咨询室。至于房间资源紧张的问题,拍摄时间完全可以根据心理咨询中心的空闲时间来定。"

我还没有说话,她又接着说:"我们会在拍摄作品的结尾处明确致谢心理咨询中心,这样有推广和宣传的效果。以后如果心理咨询中心有拍摄新媒体宣传方面的需求,我们很愿意与心理咨询中心合作。在校内,我们学院的新媒体制作能力还是首屈一指的,您应该也有所了解。"

最终,她成功地说服了我,借到了心理咨询中心的房间。

这不禁让人想到卡耐基《人性的弱点》中分享的一个故事。卡耐基年轻的时候举办一场慈善活动,想向一家知名酒店租借一个宴会厅。场地租金不菲,但他们并没有这笔预算。卡耐基对酒店经理说:"我们这场慈善活动会邀请多位社会名流,他们能够光临酒店,对酒店是一种很好的宣传,同时他们也会实地体验和了解你们酒店,我相信这个合作对我们双方来说都有好处。"酒店的经理被他说服了，无偿地将宴会厅借给他使用。

不知道来借用心理咨询室的这位同学有没有读过这本书，但她已经掌握了说服的要义和精髓。

说服的关键是什么？说服不是让自己感动，强调我所做的事有多么优秀、多么重要；说服是要让对方相信，我所做的事还能达到你的要求，满足你的需要。

三、确认

当对方同意和你合作之后，接下来需要做的，就是在过程中频繁地与对方核对确认。

1. 介绍活动的前后内容

比如要向对方说明："严老师，您的这场讲座是整个学院新生心理活动教育的一部分，所以在讲座开始之前，还有一个专业的见面会。"

2. 介绍环境

需要向邀请的嘉宾说明："会场有多媒体设备，可以播放PPT和相关的音频、视频，也有移动麦克风。如果您还有其他的需求，您也可以提前向我提出，我会想办法帮您去学院协调。如果您方便的话，可以提前一天把讲座的课件发给我，我会在会场的电脑设备上提前彩排。"

以上的信息核对、沟通最好通过电子文本的方式，一是比口头传递更加准确，二是方便对方随时查看。

3. 提前彩排

确认不仅包括和对方的确认，也包括确认自己的流程，俗称彩排。严老师就曾遇到过几次尴尬的现场，一次是大屏幕的音响声音播放不出来，一次是现场的话筒没有声音，如果提前彩排一遍，就能最大限度地排查出这些隐患。

彩排的过程中有一个好用的思路，就是"当事人假设"。以邀请主讲人来开讲座为例，你可以设想一下，假如你是主讲人，你乘坐什么交通工具来到现场？在讲座过程中需要什么工具？你是否自己带水，或是只带杯子？讲座环节怎么设计？当你把自己带入主讲人的视角中，你自然而然就能发现流程中的问题。

4. 做好预案

你一定要有B计划或者备用方案。一种是硬件设备上的，类似上文提到的，话筒突然没声音了怎么办，现场的电脑是否有备用；另一种是设计环节上，比如讲座中有互动环节但是无人主动参与，冷场了该怎么办，这些都是要提前考虑的。

四、对接

合作活动正式进行，就进入了对接环节。对接包括活动开始前、活动中和活动后三个部分。

1. 活动前，行前对接

在活动前一天，再次发送具体的时间、地点信息给对方，便于对方查阅，同时确认对方的随行人员和车辆情况，告知对方我方接待人员的信息。

一条标准的对接短信或微信内容大致是这样的："某某老师，您好，我叫某某某，是明天负责与您对接的学生助理，明天讲座的地点在我校学术交流中心二楼报告厅，时间是下午两点半。稍后我会将学术交流中心的定位发送给您。

"了解到您是开车前往我校，车辆可以从学校的南一门进入学校（稍后也会发送定位），老师已为您的车辆办理了登记，可直接入校，车辆可以停在学术交流中心门口的广场。到时我会在学术交流中心门口的大厅等候您，我的手机号是××，有任何问题您可以随时联系我。"

2. 活动中，现场对接

到达会场后，带领对方到专家席落座，同时向负责的老师汇报已经接到专家。在一些特殊情况下，开场前可能还需要安排单独的休息场所，也可以与专家一起调试电脑设备、音响话筒、翻页笔等。如果讲座课件是专家直接带到现场，需要尽快在电脑上试播，同时再次与对方确认活动的流程，比如过程中是否需要人员、场地的协调配合，是否需要使用道具，是否预留提问互动的时间，等等。确认专家是否自带饮水，如果需要提供，对水温有无要求等（这些需要提前做好预案）。如果有随行人员，也需要提前做好沟通，安排合适的位置和提供茶水。

有很多参加活动的专家，他们也需要与会的记录资料留作存档或宣传之用，因此在活动过程中，及时记录并拍摄多张照片是共同的需要。一般来说，基本的拍摄要求包括一张全景照片、一张包含主题内容背景的开场照片、一张人物特写、一张现场互动的照片、一张与主办方人员的合影。

3. 活动后，后续对接

活动结束后，主要要做三件事。

其一，将活动的相关资料整理好后主动发送给对方，会让对方对你留下更加深刻的印象。活动结束后，另一个需要沟通的细节是财务报账信息，可以提前准备好己方的报账信息模板发送给对方填写。

其二，再次感谢对方接受邀请，同时告诉对方，活动中哪些片段给你留下了深刻的印象，针对这些精彩细节多加赞扬。

其三，真诚地邀请对方对活动过程予以点评，询问哪些环节还可以做得更好，这样一方面表示出对对方的重视，另一方面可以收集到宝贵的反馈信息，这是帮你加速成长难得的"养料"。

最后，我们来回顾一下开展合作的要诀。

与他人合作的要点技术一览表

要点	关键技术
邀约	充分提供信息,给予选择空间
协商(说服)	了解对方需求,寻找合作交集
确认	沟通背景环境,提前做好预案
对接	节省对方心力,主动双向反馈

邀约、协商(说服)、确认、对接,这就是与他人合作的四个主要环节,按照上述思路来操作,就能让你高质量地完成合作,即使是零经验也会被对方夸"靠谱"。怎么样,看完之后想不想按照提示来试一试呢?

第四章

时间管理
——高效能大学生的自我修养

第一节
无头绪？两分钟快速诊断你的时间管理

说到时间管理，严老师想先邀请同学们思考和回答一个问题：时间管理，管理的真的是时间吗？

很多同学都认为需要提升时间管理能力，但具体要问瓶颈在哪里，往往又说不清楚。虽然许多人都有时间管理的问题，但具体的原因却可能大不一样。找对"痛点"，才能"对症下药"。

这里我们用三个简单的小测试，快速诊断你的时间管理问题。

一、测试一：投入与产出测试

你认为自己目前更接近哪种状态？

有时间、没产出和没时间、没产出：这两种情况都常见于时间管理新手，区别只在于学习任务的多少，理工科的同学可能体会更深，每天疲于奔波在教室、实验室和寝室之间，过着和职场打工人一样的生活。

没有产出，可能是效率不高，但相比效率问题，严老师更关心你是否属于下面两种情况。第一，你对从事的事情热情不足、缺乏激情。如果你不确定自己是否是属于这种，不妨跳转到第二个测试看看。第二，有热情，但是难以持久，不能执行下去。如果是这种情形，稍后请仔细阅读本章第二节。

没时间、有产出：当你度过了新手期，可能就会迈入一个新的阶段,有目标、有激情,也有产出,但总感觉时间不够用。这个阶段就是我们通常讨论的狭义上的时间管理。如果你属于这种情况,稍后请阅读本章第三节。

有时间、有产出:恭喜你!高效的时间管理令你如同一辆F1赛车在冲刺。

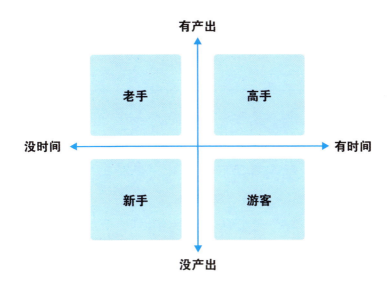

投入与产出示意图

很多时候,效率低下并不是能力问题,而在于内心瞻前顾后、举棋不定、不知道自己的目标在哪里,看见别人的选择而紧张焦虑,被外部的事件和他人所影响,情绪大起大落。一个人如果能保持稳定的工作状态,不管是生理上还是心理上,就能实现稳定的产出。从长期来看,持续稳定的产出,其实是最高的效率。

无论你的第一个测试结果如何,严老师都真诚邀请你继续做第二个测试:精力与专注力测试。

二、测试二：精力与专注力测试

你认为自己目前更接近哪种状态？

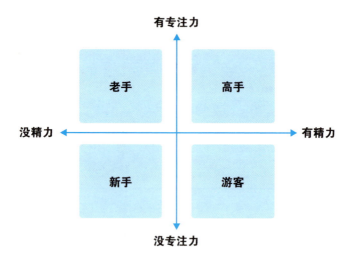

精力与专注力示意图

有精力、没专注力，说明力足、心不在：你在学习和工作中是否像游客一样，东看看西逛逛，精力充沛却漫无目的？也许你需要确定一个方向，先定一个小目标。

没精力、没专注力，说明心不在、力不足：你可能疲于应付外界的任务，让你感觉每天很忙却不知道忙了些什么，又学到了什么。你还没找到自己的方向和目标。也因为迷茫，所以你很难专心于手边的任务。别担心，这是新手必须经历的起步阶段，我们一起来翻越这面"新手墙"！

这两种状态的本质其实一样，都是对当下的任务缺乏热情，从事的事情不能吸引你全情投入，对于哪个才是自己有兴趣的方向的问题，暂时还没有答案。

有专注力、没精力，说明心在，力不足：你是否像一位艺术家一样，灵感来时废寝忘食，进入忘我的状态，但是第二天就起不来床？没法保证稳定的学习工作状态，没法保持稳定输出。

当你度过新手期，找到自己的目标方向后，就可能进入下一个阶段，心有余而力不足。如果你属于这种情况，请仔细阅读本章第四节。

有精力、有专注力，说明心在，且力足：恭喜你，当你迈过了心不在和力不足两个"关口"后，你的时间管理可谓"内外兼修"，而你离成为传说中的"学霸"也不远了。

三、测试三：时间管理优先级测试

最后再来看第三个测试。

关注时间管理的同学一定见过这个紧急与重要的模型。

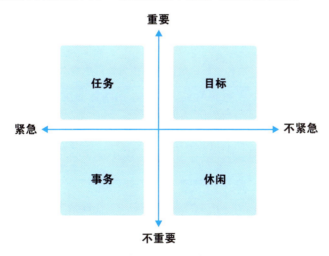

时间管理优先级示意图

我们学习生活中的所有事项，都可以按照是否紧急和是否重要两个维度细分为四种类型。

既紧急又重要：比如我们的学习任务、考试等；任务通常来自外部，不需要自我设定，不管你是否喜欢，它就在那里，往往它比目标更紧急。

不紧急但重要：比如长期目标、发展规划、自我要求等；目标不是任务，目标是任务之外的自我要求。比如，通过考试拿到学分是我们的任务，这个任务是所有人都要达成的。而目标则是大学毕业时，你会和同学有什么不同，比如专业排名居于前列、拿到竞赛奖项、已有实习经验或是一段学生干部经历等。人与人之间最大的差距就在于有没有一个目标把我们引向更好的自己。

紧急但不重要：主要是指日常生活事务，包括他人分配给我们的工作，比如拿快递等生活琐事，还有接电话、回消息等事务。

不紧急也不重要：主要指休闲娱乐，比如听歌、刷剧、打游戏等。

那么问题来了，这四个象限的时间管理优先级应该怎样排序呢？可以分为以下三种流派。

三种流派的时间管理优先级排序表

流派	排序一	排序二	排序三	排序四
随大流派	任务	事务	休闲	目标
凭感觉派	休闲	事务	任务	目标
"真学霸"派	任务	目标	事务	休闲

随大流派：有些同学很想像期末复习一样保持专注力，但是却容易被任务和事务（往往是他人的目标）牵着鼻子走，有点时间也只想休闲一下，再没有时间留给自己的目标了。

凭感觉派：有一些同学可能会先享受休闲，然后处理事务，迫不得已了再去完成任务，而目标，每天只停留在原点。

"真学霸"派：真正能够脱颖而出的人，首先高效率地完成任务，压缩和外包事务，将"挤出来"的时间聚焦在自己的目标上，休闲娱乐则用来奖励目标达成。

所谓目标，是指在任务之外的自我要求，同时实现周期相对较长，一般至少是以月为单位。在实际中，目标的重要程度常常敌不过完成时间以小时为单位的事务和以星期为单位的任务。

想一想，你的时间管理的优先级选择，是属于哪种类型？

如何找到自己内心的方向？答案就在你身边。

如果你发现自己的瓶颈是暂时没找到目标与方向，不必自责，这其实跟大多数同龄人一样，只有极少数幸运儿在青年时期就明确了自己的发展方向。斯坦福大学青少年研究中心发现，在十二岁到二十六岁的青少年中，只有五分之一的人对于自己将来想要做什么、取得什么样的成就有一个清晰的愿景。

如果你暂时没有头绪，不妨从你的生活中去寻找线索。记录生活情绪日志，坚持一到两周你就能发现一些端倪。具体操作方式如下。

每天的中午、傍晚和睡前，记录刚刚过去的几个小时里每一段时间的情绪体验。什么时候你感到烦躁、不安或沮丧，什么时候又感到兴奋、专注而愉悦？而这些不同情绪的时间里，你分别在做什么？

需要特别留意那些让你全情投入、感觉不到时间流逝、结束之后让你感觉激情澎湃、活力满满的事情。比如，你可能会发现主持一场元旦晚会让你感觉兴奋，而前期为这场晚会写策划案却让你感到头疼。而在另一位同学的体验中，这两种感受出现的情况恰好相反。

请注意一定要具体、明确地记录究竟是哪一件事情、哪一项活动让你感觉良好或者不好。如果你想更细致地了解究竟是什么带给自己这样的感觉，斯坦福大学同名课程的《人生设计课——如何设计充实且快乐的人生》一书中提供了一个分析框架，可以从以下五个角度去梳理我们的生活体验。

角色：你在这场活动中扮演什么角色？完成什么样的动作？

环境：从事这项活动时，你所处的环境是什么样的？

伙伴：从事这项活动时还有其他人吗？你和他们之间的关系是怎么样的？

工具（道具）：这场活动中有什么需要操作或者互动的设备吗？你的体验如何？

互动：你和这场活动中的伙伴或工具（道具）会有怎么样的互动交流？

通过进一步梳理，也许你会发现，在某个项目的筹备会上需要"头脑风暴"激烈讨论的时候，你会特别投入、特别兴奋；但是会后需要整理会议记录或者是统计相关信息时，你就会觉得特别的枯燥乏味。又或者你的体验恰好相反，在讨论会上你如坐针毡；而让你去统计信息时，你反而会觉得特别平静。

记录了一段时间和内容后，再回头看一看这些内容中有没有规律线索带给你启发。

如果没有在当下的生活中发现线索，你也可以回忆过往的时光里让你感觉全情投入、废寝忘食、激情澎湃的时刻。想想那些时刻，你在做什么样的事情，处在一个什么样的环境，和谁在一起，又运用了什么样的工具。

是效率问题、精力问题，还是目标问题？弄清楚自己的症结所在，这是提升时间管理能力的第一步。

时间管理的答案，都在时间之外；时间管理，真正管理的也不是时间，而是自己。

第二节
难坚持？把学习当作游戏来设计，你也能学到欲罢不能

对许多已经定下目标的同学来说，他们的烦恼在于如何坚持向着目标前进。比如计划通过英语四、六级考试，想每天好好背单词，结果却是"三天打鱼，两天晒网"。那么，要如何突破这个瓶颈呢？

严老师的建议是：不妨试着把学习当作一款游戏来设计，提升学习体验。

此话怎讲？且听严老师慢慢道来。

一、大学学习：反向游戏设计

如果你喜欢玩游戏，有没有想过，游戏为什么这么好玩？游戏之所以好玩，是因为它有四大特征：自主选择、目标明确、挑战适度、反馈及时，完美契合了我们内心的需求。

有趣的是，对照游戏的四大特征，大学里的安排却是反向设计的。

若论"自主"：大学里课程是已经安排好的，上课时间是固定的，课程是选不了老师的。

若论"目标"：大学里总目标都是毕业，但个人的具体目标，是考研、"考公"、留学，还是就业，得自己来定。

若论"挑战"：大学里有的课程难到听不懂，有的课程又只需要到课就行；平时课堂没要求，期末考试"魔鬼周"。

若论"反馈":上了一学期的课,除了学分外,学到了什么知识、怎么评价老师的授课、自己有什么进步,这些很难直接看到。

有同学在严老师的心理健康课分享时说:"如果每一门课的成绩都能和考研成绩直接挂钩,如果学习的排名能够直接决定未来的去向,就像高考时那样,那么我们的学习动力将会大不一样。"

大学里有一项活动非常像游戏。是什么呢?同学们能想到吗?

是"挑战杯"大学生系列竞赛。

听到这个名字,就感觉像是按照游戏的规则设计的。

首先,报名自愿,不是别人代替你选;其次,目标明确,完成项目报告书;再次,挑战难度不小,需要查阅大量资料,并在有限的时间内完成,如果咬咬牙还是可以实现的;最后,反馈及时,很快就能知道结果。而且,你不是一个人在战斗,是和小伙伴一起挑战。

所以,参加"挑战杯"大学生系列竞赛,你的热情很高、体验很好,心甘情愿熬夜,这和打游戏是同样的感受。

大家都懂这个道理,那我们怎么用游戏的思维和方法提升学习力呢?

二、用游戏思维提升学习能力

未来学家简·麦戈尼格尔是全球著名的游戏研究专家,她在著作《游戏改变人生》一书中详细分享了提升游戏力的方法。严老师把它整理为三个板块、八条规则。

1. 一号板块——启动

对于很多人来说,困难在于如何启动学习。

规则一:转换心态,化威胁为挑战。

如果说有什么是最值得从游戏中学习的,那莫过于游戏心态了。在游戏中,通常不会把游戏任务看作威胁,而是看作挑战。我们自愿寻求挑战,哪怕赢的机会不大,我们也跃跃欲试。因为在游戏中我们关注的不是如何避免失败,而是看看我们能做到什么,这种心态让我们不再焦虑,时刻关注机会,不害怕失败。

如何把这种心态带到大学生活中呢?你可以试着对自己说:"我要花一个小时复习第二单元的课程,发现其中的问题要向老师提出;我要花一个小时整理完上一节课的课堂笔记,并作出思维导图;我要学习制作PPT的小技巧,帮助小组制作课件。"当你把学习任务看作一项游戏任务时,你的感受会完全不同。

转换心态可以运用一个小技巧:当你开始某项学习任务的时候,大声地对自己说"我很兴奋"或者说"兴奋起来"。从生理层面看,焦虑跟兴奋几乎是相同的情绪反应,无论是你为某事担心还是兴奋,你的身体都有心跳加快、出汗、肾上腺素分泌等几乎相同的表现。所以你试着对自己重新解释,把身体的反应看成是充满热情、渴望甚至兴奋的现象。

规则二:确定任务,寻找你的乐趣模式。

如果你问一个玩游戏的人"为什么玩这款游戏",可能所有的回答都是:"因为它很好玩啊。"

想想看,"参加一次数学考试"和"玩一款数学游戏",你的感受跟心态是不是会有所不同?又比如说,为了提高体测成绩,你把"步行锻炼"改为"兜风散步",你的感受是不是也会有所不同?

因此,你可以自主选择你觉得有兴趣的挑战内容:可以是学业成绩,也可以是生活实践,还可以是专业技能。

同样,你也可以自主选择你觉得最好玩的方式:在学习中,有的人以听课思考,向老师提问为乐;有的人以阅读整理读书笔记为乐;有的人以破解试卷难题为乐;有的人以动手创造为乐,比如写一个小程序,制作一个小视频等;还有的人是以向他人讲授、分享知识为乐。对你来说,哪种学习方式是最有乐趣的呢?

对严老师来说,学习心理健康知识的乐趣方式就是把它们写成一篇篇推文。当我以这样的方式和同学互动的时候，也是我觉得最开心的时刻。

规则三：做起来就好，从最小任务开始。

简·麦戈尼格尔有段时间受到脑震荡的影响，几乎无法工作。她的丈夫给她布置了一个最简单的任务：每天观察一下窗外，看看能发现什么有趣的东西。她逐渐开始恢复后，她给自己布置了下一个任务，制作巧克力曲奇饼干送给街口的咖啡店员工。

严老师开始写心理推文时，最开始就从"每周一篇"的任务开始，并把这个任务分解为：寻找一个有创意的话题点、寻找一个合适的案例。

对学习任务来说，你也可以从最小任务入手，比如说整理章节笔记，或者查阅相关文献，甚至可以从"先做五分钟"开始。

如果你觉得身体还处于一种"半休眠"状态，也可以从启动身体开始。先开始一项运动，如散步、跑步、骑行、跳舞等都是很好的运动项目，让自己的身体慢慢"苏醒"过来。

2. 二号板块——赋能

当我们开始启动后，挑战的征途中我们也需要不断添加"燃料"。

规则四：寻找你的能量块。

玩过游戏《植物大战僵尸》的朋友都知道，收集阳光是战胜僵尸的能量来源。

你在学习任务中，你的能量块来自哪里？也许来自分享成果之后，朋友们的点赞与评论。

适当的运动是一种很好的能量补充方式。运动能够提高我们对挫折的承受力，降低对疼痛的敏感度，减少对疼痛的关注，从而增强心理韧性。严老师曾听一位在美国任教的心理老师说，他在写论文感到疲惫的时候就会去打套太极拳。

以严老师自己来说，我的能量块有这样一些选择：看体育新闻，特别是比赛的评论，从运动员奋斗拼搏的故事中汲取能量；工作疲惫的时候，在办公室的周围遛个弯儿，顺手拍摄几张天空中的云彩以及身边花草树木的照片。

规则五：寻找你的秘密英雄。

用生活中的英雄激励自己。一个著名的例子就是鲁迅先生回忆散文《藤野先生》里的藤野先生，每当鲁迅先生想懈怠的时候，看见墙壁上藤野先生的照片，目光炯炯有神，鲁迅先生就会精神振奋。

很多人都将影视作品或是动漫世界里的英雄视为崇拜对象，你可以把他视作自己的秘密身份，同时想象你可以从他的身上汲取到什么精神能量。你可以像鲁迅先生一样，把英雄的照片或者塑像摆放在平时学习时就可以看到的地方。

严老师的秘密英雄就是漫画《丁丁历险记》中的主人公丁丁，他拥有无所畏惧的勇气和立即行动的决心。每当我犹豫的时候，就会想起丁丁穿起风衣，马上出发去调查真相的样子，我甚至在办公室的电脑前摆放了一个摊开双手姿势的丁丁玩偶，他仿佛在问我："难道我们就要这样放弃吗？"每当我想懈怠的时候，就以此激励自己继续战斗。

规则六：寻找你的盟友，邀请别人和你一起"玩游戏"。

每一次任务里的盟友都很重要，在学习任务中，你的盟友可以帮助你设计任务、补充能量、听取任务进度汇报、庆祝阶段性胜利。

你可以这样邀请盟友："我想完成一场学习挑战，如果你愿意的话，我想请你当我的盟友。未来一个月里，你可以给我提建议或者给我鼓励，我也可以向你讲述我的挑战故事。你能不能每天给我发一次消息，提醒我别向'拖延症'屈服？"

严老师刚开始写心理推文的时候，也有意寻找了几位写心理科普文的同行，我们相互为对方的文章点赞，给予评论和建议，并以对方的文章来激励自己。在这场写作"游戏"中，我们互为对方的盟友。

3. 三号板块——突破

运用了上面的策略之后，接下来就是通过累积努力，实现自我突破了。

规则七：记录成绩，从记录每日表现入手。

你可以为自己每日的表现设定具体的内容，简·麦戈尼格尔推荐的一个"配方"是：完成一项任务，并且补充三次能量块。

当你完成了当日表现后，就在当日的学习记录表上打一个钩。看到每天、每周、每个月的表现，你会对自己更有信心。

严老师的心理科普专栏"心语良言"每周推出一篇新的文章，不断地累积，文章的编号数字也在不断变化，这是能实实在在看到的任务进展，同时又进一步激励我继续创作。

规则八：打个"漂亮仗"，寻求阶段性胜利。

当你经过了一段时间的积累之后，就可以寻求一个更高阶段的成果来激励自己，比如以季度为单位的中期目标。制订的目标需要有具体的结论或结果，比如完成一次"挑战杯"大学生系列竞赛、写出一篇论文或者是在一场考试中取得高分等。严老师的中期目标就是把之前的文章整理成书并出版。

主动把大学学习当作游戏来设计，运用心理学技巧启动学习，为自己赋能，记录进展与突破，你也能学得不亦乐乎。

第三节
效率低？做好分类管理，让你变身高效能人士

本章第一节里我们提到，有些同学有目标也有动力，他们的瓶颈是效率不高，这一节我们就来聊聊效率问题。在本章第一节我们讲过，按照紧急与重要模型，我们的时间使用可以分为：目标、任务、事务、休闲。

下面我们具体来看看，如何通过提高效率让其他三个象限围绕目标象限展开，为目标服务。

一、目标象限：日拱一卒、串联"碎片"

1. 日拱一卒

从大一到大四，每个人或多或少都在成长。大多数人基本上是在匀速成长，可有些人却是在加速成长。刚入学时，大家的成绩和能力水平都差不多，到了毕业季，有一些人就会脱颖而出，这些人我们称之为"学霸"。你是线性成长，"学霸"是指数型成长。

"学霸"是如何做到加速成长的呢？

"学霸"和我们的最大差别在于"学霸"有成长目标，并且确保每天花时间去实现自己的目标。

当你有了目标，所做的一切事情就有了核心，都是围绕目标而展开。比如严老师这本书的前身是在2018—2020年间写的心理科普推文，当我制订了每周写一篇推文的小目标之后，课堂中和同学的互动

就成了素材，平时阅读的公众号文章就成了资料，和同学、辅导员的对话就成了文章的创作灵感，甚至看综艺节目，也能联想到用到推文写作里当作案例。

目标时间管理的第一原则，也是最重要的原则，就是要把目标排进时间表里。

就拿严老师写这本书来说，我的安排就是每天要抽出一个小时写文章，或者是完成一千字的写作。即使是在大年初一，我送爱人和孩子去海洋公园玩，自己会把车停在停车场，在车里用手机写文章。可能会疲惫，也可能状态不佳，都没有关系，先写起来再说。

2. 串联"碎片"

严老师所在学校的教学楼和学生宿舍距离比较远，学生们放学后通常会选择乘坐通勤车回宿舍，于是等候点经常会排起长队。严老师常常看到排队时大家都在埋头刷手机，估计在刷朋友圈或者是浏览新闻。

利用"碎片"时间，而不是把时间切碎。有同学好奇，严老师怎么有时间写心理科普推文？其实我是将完成任务以外的时间都围绕目标组织起来，吃早餐时阅读相关文章寻找灵感，上下班的路上构思结构，白天的间隙考虑合适的案例，洗碗的时候在心里打腹稿，晚上泡脚的时候，使用语音输入软件把语音转化成文字，最后再做修改。

二、任务象限：保持专注、"一鸭三吃"

1. 保持专注

"英国人头脑最好用的时候，就是快要来不及的时候。"

——英国著名记者马克斯·黑斯廷斯

有同学说："严老师，不知道为什么，一到复习周时，我的学习效率就特别高，要是平时的学习效率都这样就好了。"

复习周的学习效率为什么这么高？大家都心知肚明，因为接下来就是考试周。

在心理学中，心理学家把这种情况叫作时间稀缺效应。哈佛大学行为经济学教授塞德希尔·穆来纳森在他的著作《稀缺：我们是如何陷入贫穷与忙碌的》中提出，稀缺会导致正反两方面的影响，其中积极的影响是会让人专注，让我们专注于紧迫的重要事情，同时也更加珍惜相应的资源。

心理学家曾经做过一个实验，在毕业前六周的时候，提醒一部分学生毕业时间就在眼前，对另一部分学生则说距离毕业还有一段较长的时间。结果如大家所猜测的那样，前一组学生更加充分地利用了这六周时间，也体会到了更多的快乐。

是否可以利用这一积极影响呢？当然是可以的。如果你是一位大一新生，将大学四年共八个学期假设成八个星期，现在第一个星期即将过去，你对当下的学习有什么不同的感受？

因此，保持专注的第一个技巧是利用截止时间。每个学习任务，不管老师是否设置了截止时间，都要给自己设定一个时间期限。

保持专注的第二个技巧叫排除干扰。比如，当你集中精力写论文的时候，可以给自己设定个规则，同时也对外告之，这段时间不查看手机消息也不回复短信，待写作完成之后再统一回复。

保持专注的第三个技巧是利用团体促进。比如，把你要完成的任务发在朋友圈，告诉大家自己要在什么时间之内完成，如果没完成的话就给大家发红包或者罚自己在操场跑圈。在这个过程中，可以把自己的完成进度或者阶段性成果更新在朋友圈，既能让大家监督，也可以获得鼓励。

2."一鸭三吃"

完成一项任务可不可以同时发挥多重作用？严老师曾经在课堂上看过这样一个案例，有同学先拍摄了一段寝室生活的视频，以此为基础改编后就成了心理课上人际交往与沟通场景的作业，然后又将作品投稿参加学校"寝室文明建设网络作品大赛"，可谓是"一鸭三吃"。当我们完成一个任务的时候，可以考虑把多个相关的任务联系在一起，让一个任务可以发挥不同的作用。

三、事务象限：利用外包、合理规划

紧急而不重要的事件就是我们通常说的日常事务，也可以称之为杂务，需要做的是优化管理方案。

1. 利用外包

把事情交给最有效率的人、机器或软件来做，是最明智的选择。比如，把衣服交给洗衣机洗就是属于外包；又比如，用语音输入软件整理笔记，相当于利用技术工具外包了我们的文字整理任务。

外包还有一种形式——团队合作。几个人组成一个学习小组，根据各自的特点优势进行分工，完成不同的任务再相互分享。比如，每个人总结几个章节的笔记，最后大家再把所有内容整理到一起。

2. 合理规划

严老师的心理健康课上，有一位同学每次下课后都没走而是在整理笔记。有一次临近中午，正是吃饭时间，我忍不住好奇地问他："你不饿吗？还是你有课后立即整理笔记的习惯？"

他笑着对我说："不是太饿。现在路上的人很多，食堂里的人也很多，我就利用这个时间先整理笔记，同时也规划一下下午和晚上的学习任务，等到这些完成了我再出发，路上就没有那么堵了，食堂里的人也没有那么多了，这样我吃饭的效率也可以提高。"

我不禁在心里为他鼓掌。这位同学通过合理规划，优化了日常时间安排，可以称得上是一位时间管理达人。

严老师想起了多年前一位著名的上海出租车司机臧勤的故事。他曾经受邀到中欧国际工商学院为MBA班学员们讲述自己每天的运营

时间规划，他的一个妙招是在晚高峰的时候暂停服务，吃饱之后再出发。

记得定期检查日常事务时间表，如果是暂时不能完成的日常事务，可以用记事本或者是手机里的备忘录先记录下来，定期查看，以免错过。一周选定一个固定时间，整理自己日常事务的进度情况，避免一些紧急的事务错过了截止日期，小事情可能会变成大麻烦。严老师的心理健康课上，每年都会有学生错过交作业的时间，然后又来请求能不能延期提交，虽然我也会给他们放宽提交的期限，但是作业的评分就不会高了。

四、休闲象限：科学休闲、"一石二鸟"

完成任务之后，还是要给自己安排一些休闲放松活动作为鼓励，调节情绪。

这里有几个休闲放松安排的小提示。

第一，先行动、后奖励，不要颠倒顺序。有一些同学会把奖励放在行动之前，比如，在学习之前跟自己说："先刷一集美剧再去做作业吧。"这就是把奖励和行动的顺序搞颠倒了。一定要在行动之后给予自己奖励，否则的话，长此以往下去，自己行动起来的"门槛"就会越来越高。

第二，最好的情绪奖励不是物质上的，而是关系上的。物质上的满足感很容易就减退消散了，比如购买奢侈品；而把和亲密的人的互动作为奖励是效果最好的，比如说和朋友们一起吃饭，和恋人一起打球等。这种奖励具有多重效果，让大脑得到休息又放松了心情，增加了和朋友、恋人之间的交流机会，甚至还有可能在交流中了解到新鲜资讯，得到启发。

第三，可以把多种休闲放松活动结合起来。常见的如一边运动一边听音乐，我们也可以把和朋友们的见面方式和运动结合起来。比如，一起跑步或者在健身房一起健身聊天，据说这种方式也是时下商务人士最流行的见面交流方式。你也可以想想，有什么适合你的休闲活动是可以结合起来的。

我们通过下表再次回顾本节内容。

不同象限效率提升策略一览表

时间象限	性质	板块	效率提升策略
重要但不紧急	目标	成长	日拱一卒、串联"碎片"
重要且紧急	任务	学习	保持专注、"一鸭三吃"
紧急但不重要	事务	生活	利用外包、合理规划
不紧急也不重要	休闲	娱乐	科学休闲、"一石二鸟"

某种意义上来说，时间管理的四个象限对应的也是大学里的四大主题：成长、学习、生活、娱乐。通过提升每个板块的时间效率，你将收获更加满意的生活品质，赢得更加出彩的大学生活。

第四节
没精力？谁掌握了休息节奏，谁就掌握了胜利

严老师通过观察自己身边的高效能人士，发现他们的时间管理各有高招，但有一点却是共同的，就是他们都能很快地恢复自己的精力。

他们是如何做到的呢？严老师总结了高效能人士快速恢复身心的四个高招。

一、主动转换

首先，我们要更新一个认知：休息的本质，不是静止，而是转换。

让身体休息，并不是什么都不做，而是在紧张和放松之间切换；让大脑休息，并不是什么都不想，而是在不同的脑力活动之间切换；让心灵休息，也不是什么都不管，而是在不同的心理体验之间切换。

比如，持续一段时间的高强度工作之后，用一场旅行让自己的心灵得到放松；又比如在枯燥单调的重复性工作之后，看一场紧张刺激的电影来调剂心灵。

总而言之，休息是让身体、大脑和心灵在不同的状态之间切换，我们常说的"换换脑子"就是这个道理。"换换脑子"并不是让大脑思维静止下来，而是让大脑思维在不同的活动之间切换。

比如，物理学累了可以背外语单词，背外语累了可以试着写作

文，作文写不出来了可以听生物课的音频。

爱因斯坦的休息方式是拉小提琴，哲学家康德的休息方式是在小镇散步（据说因为太准时，小镇的人甚至把他当作时钟），霍金的休息方式是做赛艇舵手。严老师的休息方式则是做家务，洗碗、整理房间等，在做这些活动的同时，头脑也常常会获得新的灵感。

二、积极恢复

严老师有一次去体育学院找一位老师，正好是羽毛球课下课时间，听见他对学生们说："今天回去之后记得好好做拉伸和按摩，谁恢复得最好，谁的训练效果才是最佳。"这给我留下了极深刻的印象。

健身教练张展晖在《掌控：开启不疲惫、不焦虑的人生》一书中回顾了自己的体育训练生涯，他发现同学中练得最狠的却不是成绩最好的，有的同学甚至因为练习过度而把自己"练废"了。他的一位班长，就因为过度训练造成了运动损伤，不得不退出运动员的行列。有趣的是，成绩优秀的往往是最会休息的，甚至有时候像是在偷懒。他列举了美国篮球联盟 NBA 运动员保罗·加索尔的例子，虽然身在全球竞争最激烈、水平最高的篮球联盟，加索尔每天也只在上午训练两个小时，下午就回家带孩子去了。

对普通人的启示是，在学习、工作、生活中不打"疲劳战"而是要打"健康战"，不打"突击战"而是要打"持久战"。当你的身心由于某种原因产生了波动后，要及时地去调整恢复而不是"带伤上阵"、勉强坚持。比如近期学习任务重，缺乏睡眠，忙完了就要及时补觉。美国传奇大法官金斯伯格的习惯就是平时睡得晚，周末会好好睡个懒觉以助于恢复体力。

当你感觉特别忙、特别累的时候，你要怎么办呢？这种时候需要你自己"跳出来"，抽出时间检视自己的工作状态。否则，这样的忙碌、疲惫会导致后面的工作状态越来越差。

工作"996"之所以不可行，就是因为它不科学。有研究表明，连续加班超过三周，工作效率会急剧下降。

另外，要区别是身累还是心累。如果是心累，有可能是你的人际状态需要调整，否则容易陷入自我怀疑中。又比如说，如果这段时间因为和恋人的关系影响到了你的学习状态，就应该及时向他人倾诉或者做心理咨询，调整自己的心态，你也可以把心理咨询看作是"心灵的按摩"。

以退为进，才能让你的工作状态比较稳定。

稳定的输出，其实效率是最高的。

三、快速小憩

如果要说有什么是高效能人士快速恢复精力的高招，一定是快速打盹的能力。

在火车上、飞机里，利用十几分钟的时间快速打个小盹，醒来后精力充沛、神采奕奕。

普通人不一定要像他们这般做到极致，但也可以学习他们利用间歇时间，合理安排一个小小的休整。

曾经有媒体采访作家冯骥才，问他如何保持良好的创作精力。他透露自己有一个生活习惯，每天下班后回到家，先到床上睡半个小时，然后再起来工作，这样一整晚都精力充沛了。

你也可以观察记录一下，自己一天的精力曲线最低点会出现在什么时候，在那个时间可不可以安排一个短暂的小憩？

随时随地进入放松状态确实不那么容易，你可以借助一些小方法，比如通过正念冥想练习，详见本章第五节。

四、高效睡眠

做心理咨询的学生中，有不少是因睡眠问题而来。严老师曾经在课堂上做过一次调查，询问同学们一般需要多长时间入睡。结果发现，超过三分之一的人需要一个小时以上。

睡眠是一天中最长时间的休息，对于恢复精力的重要性不言而喻。睡眠不佳还会直接影响情绪，引发连锁反应。

高效能人士通常都是属于"沾枕头就能睡着"的类型，这一点让人羡慕不已，其实通过合理的睡眠管理，你也可以改善睡眠质量。

那么要如何养成良好的睡眠习惯呢？

首先，规律睡眠。这个意思是说尽量在固定的时间入睡，养成睡眠生物钟，这样你的身体就会"记住"睡眠的反应。如果你晚上没有睡好，与其第二天白天强行补觉，倒不如白天继续学习工作，到了晚上好好睡一觉。

其次，不睡不躺。这个意思是说没到睡觉的时间，就不要躺在床上，到了睡觉的时间，躺下来之后也不要再做其他事情。调查中发现，很多大学生上床一小时以后才能入睡，其实未必是入睡困难，而是上床之后继续刷手机。躺下就睡的好处是让你的身体形成条件反射，让你的身体"记住"这种入睡前的反应。

睡眠研究中有一个概念叫有效睡眠时间，指的是睡着的时间除以躺在床上的时间，这个比例达到85％以上，就是良好的睡眠状态。如果躺着不睡，反而会降低睡眠质量。睡眠最重要的是睡眠的质量，而非时间长短。

其三，不困不睡。如果你确实因为某些心事辗转反侧，不如起身到桌前完成工作，或者干脆把你的思绪记录下来。头脑放空了，也许就能快速入睡了。

其四，有备而睡。这指的是营造一个良好的睡眠环境，比如及时调整被子的厚薄，适宜的温度有助于顺利入睡。另外，要选择一款高度合适的枕头、一张软硬度合适的床垫，这些都会有助于你快速入睡。

睡前做一些适度的拉伸运动或者是瑜伽，让身体舒展开来，也有助于顺利地进入到睡眠状态。

通过调理睡眠规律，养成良好的睡眠习惯，你会发现睡个好觉其实也不难。

主动转换、积极恢复、快速小憩、高效睡眠，这就是做好精力管理的四个提示，而谁掌握了休息节奏，谁就掌握了胜利。

第五节
心里急？三个"对话"从容应对焦虑情绪

"老师好，我现在大四，在准备考研，白天学习有时会情绪紧张，最近半夜经常醒，感觉到心慌睡不着，白天调休也没很大作用，要怎么调节才好呢？"

这是一位心理委员发给严老师的私信，作为心理委员都有这样的困扰，被焦虑情绪困扰的其他同学也不在少数，特别是对考研备战的同学来说更是如此。

考研路漫漫，能够坚持到完成考试就是成功了一半，但要如何才能坚持胜利走到终点？有同学说："还能怎么办，咬牙坚持呗！"这种苦行僧的心态，一两周可以，如果长时间如此，那就太累了。

打个比方，这种咬牙坚持的体验如同田径比赛中的冲刺阶段，如果从一开始就用这种方式跑长跑，能坚持到最后吗？

如何应对自己学习中的焦虑情绪？严老师给同学们总结了三个"对话"的方法，帮助大家从容应对焦虑情绪。

一、和身体"对话"

首先，焦虑是一种情绪体验，是我们一系列身心反应。沟通是一个情绪问题，而情绪是一个沟通问题。和什么沟通？和自己的身体沟通。所以，我们首先要和身体"对话"。

在众多通过身体练习放松情绪的方法中，目前心理学界比较推荐的是正念练习。正念是一种通过观照自己的身体而放松身心的练习，通常从体验呼吸开始。

心理咨询师朱燕老师分享给大家的一段正念练习指导语，叫"呼吸空间"。同学们可以提前把这段文字念出来录到手机里，然后放给自己听，亲身体验一下。

"现在，我们来做一个呼吸空间的小练习。请你安稳地坐好，把臀部放在椅子的前1/2处，调整一下坐姿，挺直背部，让你的头和颈部在肩膀上保持直立平衡，上半身直而不僵，双脚放在地面上，脚踏实地，双手分别平放在两个膝盖上，让自己感觉身体端坐。

"轻轻闭上眼睛，感受自己的内心，对它保持开放的姿态，并问自己：'我现在感受到什么？心里的想法是什么？'尽可能地让自己注意到这些心理活动的念头和想法。

"将这些念头和想法写成文字，此刻内心又升起什么样的情绪？不管是什么情绪都允许它们存在，允许它们以本来的样子存在，不管是不舒服或者是不开心的情绪。

"此刻，身体的感觉又是怎么样的？快速地感受一下身体，感觉一下身体有哪些部位比较紧绷。然后我们再来感受一下自己的呼吸，将注意力放在身体感受和呼吸上。

"留意腹部，随着呼吸鼓起来、落下去，留意腹部在吸气的时候会扩张，呼气的时候下沉，保持全然的觉知，不需要调整它，也不需要太过用力，就这样让呼吸带着你安住在当下。

"当你准备好了，再来拓展自己的注意力。伴随着呼吸，除了感受呼吸时的身体感受外，同时从内心去感受身体的姿势、面部的表情。

"如果感到身体不舒适、情绪紧张或抵抗，可以试着在每次吸气的时候，温和地将呼吸带到身体的各个部位，再通过呼吸让气息从那个部位返回，也许就会在每次呼吸的时候慢慢感觉到放松舒缓。

"现在,尽可能地把这份通透敞亮的感觉带到一天里的每一个时刻,无论你在何处,让这样的体验自然地展开。

"好了,我们慢慢睁开眼睛,回到这里,回到当下。"

怎么样,当你体验过一次正念练习后,觉得身心有放松的感觉吗?有条件的同学,还可以结合瑜伽训练一起进行,放松的效果更好,因为瑜伽拉伸后的紧绷感就是舒展后的反应,同时也会让你的身体经络更加畅通。

东北大学心理健康教育中心的陈阳教授开发了一系列正念练习的课程,对此感兴趣的同学可以在网上搜索相关课程。

另外,还有一本从英国引进的《呼吸》杂志书,目前已经出到第九本,讨论的也是关于正念身心的话题,可以作为延伸阅读的材料。

二、和观念"对话"

1. 重新理解焦虑

还记得我们在之前分享的一件很有意思的事吗?从生理层面来说,焦虑跟兴奋几乎是相同的情绪反应,无论是你为某事担心还是兴奋,你的身体都有几乎相同的表现。你可以对紧张的情绪给予积极的心理暗示,把它看成是充满热情、渴望的表现,是你面对挑战感到兴奋的状态。

当你为某项学习任务感到焦虑的时候,你可以对自己说:"面对挑战,我感到自己越来越兴奋了!"或者说:"真是令人兴奋的挑战啊,让我来试试看!"不妨大声地多说几次。

2. 辩证看待选择

很多时候焦虑情绪来自过高的期望,以及认为这是唯一的选择。

心理咨询师李松蔚老师曾经分享过一个帮助高考学生减压的认知训练:想象一下,如果高考发挥失常有什么样的好处?乍一听,这个训练很奇怪，但如果你能想到越多的好处，就越能起到放松减压的效果。这会让你放开手脚，轻松上阵，从容地面对复习和考试。

这样的练习不是阿Q式的自我安慰，而是让我们静下心来想想，即使高考失利、考研不成功也不是世界末日，还有别的选择，"塞翁失马，焉知非福"。在本书的第六章会讲到，人生不仅有A计划，还有B计划和C计划，几个计划之间也并不是完全相互冲突，有些是可以并行不悖的，比如说考研和找工作，其实是可以同步进行的。

3.带着情绪生活

对于身处焦虑情绪的你来说，越想控制情绪，反而越容易紧张。情绪就像一个顽皮的孩子，你越是关注它，它就越来劲儿，如果你只是静静地观察它，过段时间，它也就自己平息了。前面说的正念练习，正是从这个原理出发的。

日本有位心理学家森田正马，在和自己身体疼痛的相处中总结出了以顺其自然为主旨的"森田疗法"，帮助人们坦然面对焦虑情绪。

情绪不能直接调控，比如直接让心跳加速或者放慢，但可以通过行为来调节身体并得以实现，如从事某项激烈或者舒缓的运动。

面对情绪，我们可以做的，就是带着情绪继续行动。

三、和行动"对话"

1.专注于当下的学习内容

一位管理学家受友人的邀请去参加登雪山活动，攀登到一半的时候，他感到呼吸急促、心情紧张，开始后悔接受了这个邀请，不知道自己能不能完成这个任务。但此刻已经没有回头路了，他深吸了一口气，运用管理学上的行为管理方法：紧紧地盯着前面的脚印，提醒自己专注完成下一步，把脚放到前人留下的脚印中。就这样，他顺利地登顶。

很多时候，我们是被长篇的任务清单吓到了，对未来充满恐惧。

而专注于眼下的任务，有助于让我们回到现实。一个比较好用的技巧是"从五分钟做起"，专注于每个五分钟，在不知不觉中，一步一步完成学习任务。

2. 选择合适的学习方式，提升体验

首先，可以选择多元的知识获取渠道。网上有很多老师讲课，内容清楚又有趣，学习的体验感不会那么枯燥。同时，也可以把复习看作是一个学习新知的过程，每次的复习都有新体验，这样也会不那么枯燥。严老师当年考研复习的时候就是抱着这样的心态，每天都有新收获。

其次，找到自己学习的"黄金通道"。很多考研的同学苦于效率不高，但是你是否知道适合自己的学习高效通道？是习惯自己看，还是习惯听别人讲，又或者是给别人讲？是整理一份总结笔记，还是用测试题来检验自己？按照多元智力理论，每个人的学习通道是不一样的，有的人是靠听，有的人是靠看，有的人是口头表达，有的人是思维整理。另外，每天不同时段的学习效率也是不一样的，应把最有挑战性的任务放在状态最好的时段。

3. 寻找例外，扩展有用经验

认知行为训练中有一个比较好用的思路，那就是寻找例外和扩展有用经验，从自己的身上发掘资源。

想想看，有没有什么时候或者某个片段，在学习某一部分的内容时，自己没有那么焦虑？那一次是如何做到的？有什么内部或者外部的因素发生了作用？那一次的经验是否可以扩展或者放大？这就叫寻找例外，放大有用经验。

其实想想看，一路从小学读到大学的你，应对了多少次考试的焦虑？你不是第一次和它打交道，相信一定有适合自己的办法。

通过和自己的身体、观念以及行为"对话"，进而管理好我们的焦虑情绪，这样在学习的长跑中，就能情绪稳定、从容应对，顺利达成自己的学习目标。

第五章 恋爱相处

——爱情是一场"双人舞蹈"

第一节
树立正确恋爱观,"母胎单身"的你不踩坑

有新生问严老师,有正确的恋爱观吗?我想了想说:"好像还真有。"以下是严老师总结的几条恋爱观,就算你没有恋爱经验,也能提前避免一些恋爱中的"大坑"。

恋爱开始之前,你需要了解以下四点。

一、恋爱就像驾车,需要一些基础练习

严老师认为,谈恋爱就像驾驶汽车,也是需要"考取执照"的。

科目一,恋爱之前的恋爱观储备;科目二,基本的人际沟通技巧;科目三,日常的人际交往练习。谈恋爱之前,双方都要有这三方面的准备。

有驾照也不意味着就能安全驾驶,考到驾照后就没怎么开过车的也大有人在。企业招聘驾驶员往往会看一看对方有没有长途驾驶经历,还有之前的驾驶经历有没有出过重大事故。就像一段恋爱开始之前,要看对方有没有至少一段长期的亲密人际关系,和父母之间的关系如何,有没有一两个密友,之前的恋爱记录如何。否则,一不留神就可能是大型"翻车现场"。

有同学问:"老师,在岸上能学会游泳吗?我就不能在恋爱中逐渐成熟起来吗?"有道理,但游泳也是先从浅水区开始练习的。你可以先试着锻炼你的人际交往能力,特别是和异性的交往。

直接谈恋爱就好像一步跨到深水区练习，会比较辛苦，还会有一些风险。游泳的时候，会有安全员在岸上时刻关注着，遇到危险可以求助安全员；谈恋爱的时候，一旦陷入了感情的旋涡，也一定要及时求救。

为什么爱情需要学习呢？因为作为别人的恋人可能是我们之前从未有过的经历。

爱情和亲情有什么不同？在亲情中，你不用担心对方会离去，大多数的父母会包容孩子的一切，包括孩子的消极情绪。

爱情和友情有什么不同？在友情中，你的朋友往往不止一个，他们不需要二十四小时与你保持联系以及面对你的全部生活。玛丽莲·梦露有句名言："不能接受我最糟糕的一面，不配拥有我最好的一面。"

二、爱情具有排他性，玩弄感情最终会玩火自焚

从某种意义上说，爱情是两个人之间的一场专属游戏。当恋爱开始之后，恋爱双方就是一个共同体。双方应真诚相待、不欺骗、不专制，感情怎么开始、怎么谈、怎么结束，由双方共同决定。

如果把爱情比作一段旅程，那么走哪条路线、看什么风景、开车时速多少、在哪儿上车、在哪儿下车，都应该由双方协商决定。

单方面决定爱情规则，可能就是戏弄。如果双方都想确认关系，但猜不透对方的心思，这叫朦胧美；而如果一方的心里并不想确认关系，但又不告诉对方，这叫搞暧昧。搞暧昧的人最终也会为自己的不真诚付出代价。

有一个反例。一所高校的一位女生，明明异地有男朋友，却没有告诉身边的追求者，把追求者当"备胎"，追求者知道之后异常愤怒，频频找女生理论，女生只得在结束了大二课程后，匆匆出国，一走了之。

恋爱交往和普通异性交往的区别在于，是否是仅限于双方之间的私密交往。爱情是具有排他性的，有的同学并不是想搞暧昧，却给对方释放了错误的信号。如果你不喜欢对方，但对方是真心想追求你，那么像单独一起吃饭、看电影这种恋人才会做的事情，就不适合和对方去做，至少不适合和对方单独去做。

曾经有位男生喜欢社团里的一位女生，表白后被拒绝，但后来女生偶尔会单独约他吃饭、聊天说心事、看电影，男生暗自揣测："是不是还有戏？"于是再一次表白，结果再一次被拒绝。同样的剧情又上演了第三次，男生彻底受不了了，把女生骂了一顿之后断绝了关系。

这位女生可能会觉得很无辜：我已经明确地告诉他了，他应该知道呀。但她的行为会让男生认为是在释放"有意发展"的信号：对我没意思会和我单独出去约会吗？

三、愉悦与成长，是一段健康爱情的两个指标

有同学曾在采访中问："老师，恋爱会影响学业吗？"其实，两个足够成熟的人自然而然发生的爱情，反而会促进学业。评价一段健康感情的标准，是看双方在恋爱中是否都能变得更好。

复旦大学社会学系沈奕斐老师在三联中读 App 上开设了一门"爱情社会心理学"课程，其中分享过一个恋爱模型——成长与愉悦模型。

"愉悦"很容易理解，对方的外貌让自己赏心悦目、相处中处处尊重体贴让自己很舒服，这都是愉悦的体验。关于"成长"，沈奕斐老师以自己和先生为例。她先生是个严肃的人，常常会让她觉得无趣，但两个人一起生活的过程中，她从先生身上学到了不少，这样的爱情与婚姻就是成长型的。

特别需要警惕的是，恋爱中既没有收获愉悦也没有收获成长，只

是一味被对方贬低、批评,自尊心和自我价值感一路走低,这就要考虑对方是否别有用心,在对自己实施精神控制。至少,这不是一段健康的爱情,需要及时止损。

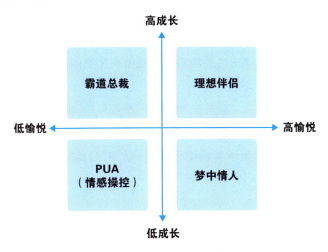

恋爱关系的四种类型示意图

因此,恋爱的关键词不是奉献,而是共同成长。

爱是一个及物动词,是需要有宾语的。当你把一切都牺牲掉的时候,你就"消失"了,对方又该去爱谁?

曾经有恋人在爱情中全身心地投入,甚至不惜放弃自己的一切,结果就是两人成长不同步,最终分手了。

你可以抱怨对方没有良心,但也要想想,当你把自己弄丢了,对方又该去哪里找你,又该去爱谁呢?

四、爱一个人,需要有足够的心理成熟度

恋爱是一场"双人舞",需要有足够的心理空间。容祖儿在歌曲《小小》里面唱道:"我的心里从此住了一个人。"你的内心空间弹性够大吗?还是接纳自己都有些拥挤?你足够成熟到再容纳另一个人,

住到你心里来吗?恋爱中对方有些观念、习惯可能和你不同,你可以接受吗?

爱情是一种发自内心的给予与付出,而不是索取与填补。如果你觉得你在爱情中渴望得到的比希望付出的更多,那么你需要的是被爱,而不是爱。

所以,请把爱情还给爱情本身,爱情产生是因为两个人自然地相互吸引,而不是因为空虚寂寞冷、羡慕嫉妒恨。

能够开始恋爱的前提是能够和自己好好相处,内心自给自足,还有余力去爱人。

心理学中有一个依恋理论,按照我们对自己和对他人的接纳情况,我们每个人的依恋类型可以分为安全型、焦虑矛盾型、回避型和恐惧型四种类型。

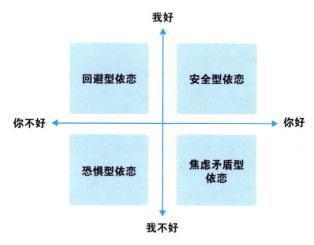

四种依恋类型示意图

心理学研究显示,安全型的人因为对自己和他人都有信心,更有可能发展出一段稳定的恋爱关系;焦虑矛盾型的人在恋爱中更需要的是被爱,但往往因为太过强烈的需要而把对方吓跑;回避型的人对他人无法充分信任,因此在恋爱中往往选择浅尝辄止;恐惧型的人对自己和他人都没有信心,既无法迈出交往的第一步,也无法接纳自己。

以《红楼梦》中的两个典型人物为例,林黛玉内心渴望真挚的情感,却总是为贾宝玉对她的心意而焦虑担心,接近我们所说的焦虑矛盾型依恋。有一次她误会宝玉将她做的香袋送人,发现是错怪后也没有道歉而是继续赌气,让两个人都备受煎熬。反观薛宝钗,她在和他人的相处中全然没有这方面的担心顾虑,不害怕一时的受伤和委屈,接近我们所说的安全型依恋。

恋爱中出现的问题常常被归因为"性格不合",其实与其讨论双方性格合不合,倒不如问问人格成熟度够不够。能不能自己在负面的情绪中待一会儿?能不能陪伴处于消极情绪的对方?能否既把对方和自己当作一个共同体,同时又把对方视作一个独立个体?由此可见,恋爱成功是一个能力问题。

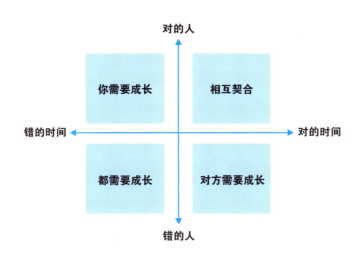

恋爱中时间和人的关系示意图

恋爱哲学里有一句话："在对的时间遇到对的人。"所谓"对的人",指的是对方的人格足够成熟;而"对的时间",指的是你自己在那个时间点也正好处于一个成熟的状态。只有这样,才有可能和他(她)发展出一段长期稳定的关系。

恋爱很美好,但也很有挑战性。祝你在对的时间,遇到对的人。

第二节
"多喝热水"到底错在哪了?"没事儿"又该怎么回?——说说恋爱中的沟通

"多喝热水",大概是恋人聊天最著名的梗了。

女生感冒了,对男朋友说:"我感冒了,头好疼,觉得嗓子也很不舒服。"

男生回答:"哦,那多喝点热水。"

一道送分题,做成了"送命题"。

男生在球场上打球摔了一跤,磕破了膝盖,然后有如下对话:

女生(心疼):"我给你贴个创口贴吧。"

男生:"没事儿。"

女生:"怎么没事儿,都流血了。"

男生甩开女生的手(不耐烦地、大声):"我都说了没事儿。"

女生(委屈):"你竟然吼我。"

一场温情戏,演成了苦情戏。

那么,"多喝热水",到底错在哪了?男生说"没事儿"的时候,女生又应该怎么回应呢?这里就和大家聊聊这个话题。

一、沟通层面

我们从沟通的角度来看看,"多喝热水"错在哪了。

首先,"多喝热水"是一个封闭式的回应。与之相对的是提出问题和分享感受,这种开放式的回应能引出对方更多的交流。反观"多喝热水",这种回应很难让对方往下接着聊。"多喝热水"这个答案不是不对,而是太对了,以至于都没有了进一步交流的空间。

其次,"多喝热水"是一个总结性的回应。我们聊天,往往是先谈个人的心情和感受,再谈应对的心态和行动。直接说出行动方案,给人一种谈话已经接近尾声的错觉。还能聊什么呢?都说了要"多喝热水"了,那不就该去喝热水了吗?

采用这种直奔行动方案的聊天方式,被叫"直男"也不冤枉。

所以,你的本意可能只是好心提醒,结果却一不留神结束了聊天。

二、心理层面

前面已经讲过,谈话的要义是在谈话中表明你的情绪、行动和态度,以满足对方的需求。

女生诉苦自己感冒了,她的需求到底是什么?

一般而言,首先是身体上的不适,需要安抚和理解;其次是感觉有些孤单无助,需要陪伴;最后最重要的,是需要确认你们的关系。

说到底,跟你聊感冒这件事,她就是想知道:"我感冒生病了,你到底是关心还是不关心?"

这三个需求,"多喝热水"不仅一个也没有满足,而且更大的麻烦还在后面。

"多喝热水"这句话有时会让对方觉得,你不仅没满足她,似乎你也不想去满足。

她想要你的安抚和理解,你的封闭式回应似乎是不想讨论;她想要你的陪伴,你的总结性回应似乎是想快点结束聊天;她想要你的关心,你的一句"多喝热水"透着一种"你自己的事,自己解决"的疏离感。

当然,你要是想拒绝一位女生,这句话倒是有可能让她知难而退。

人生病时，情绪和感受会成倍放大。这时候，对恋人的话语就会比较敏感了。

三、如何破解

那应该怎么回应呢？

女生需要理解，那就倾听她的感受，反馈你的感受："是啊，感冒最难受了，喝水、吃东西嗓子都会不舒服。"或者直接问她："你在哪里？我给你送热水来。""你自己多喝热水"和"我给你送热水来"，同样都是喝水，但这二者的区别可真的太大了。

女生需要陪伴，你可以嘘寒问暖，用开放式的提问展开话题，问问早上吃得怎样、现在在干吗，陪她聊聊她感兴趣的话题，告诉她你下课了就会来看她，等等。反正就两个字——陪伴。

女生需要关心，以上两个做到了，基本关心就有了。关心是看不见的，但可以用情绪、言语和行动来表达，所以有个词叫"表态"。如果你能显得比她还着急，比自己得了感冒还难受，那态度就更诚恳了。

同理，男生打球时磕破了皮流血了，跟女生说"没事儿"，女生要怎么回应呢？

我们还是要看男生的需求是什么。一种可能是他不想把这种小事太当回事，要显示自己的男子气概；另一种可能是他的心思不在身体上面，还关注着场上的比赛。

因此你的回应可以是："我知道这点小伤对你来说算不了什么，但如果一会儿还要上场比赛的话，现在处理一下是不是更好？"

有女生可能还想继续追问："老师，如果这样说了，他还是继续说'没事儿'，又该怎么办？"严老师认为，如果你不是为了完成人设演出，而是真正地理解支持他，那就选择相信他是真的没事儿吧。

上面我们说的是沟通中如何回应，那如果是我们想表达自己的感受，或者是跟对方提出请求，又该如何表达呢？

如果说回应对方的要点，是用关心和行动去回应对方的感受和需求，那么表达自己则是要坦白自己的感受和需求，以及对对方的态度和行动提出请求，特别重要的是，在这个过程中不引起对方的抵触。

马歇尔·卢森堡博士在他的著作《非暴力沟通》中介绍了正面沟通的四个要素：观察、感受、需要和请求。

第一步，留意发生的事情，我们此刻观察到了什么，不管是否喜欢，只说出人们所做的事情，要点是清楚地表达观察结果，而不判断或评价。

第二步，表达你的感受，例如受伤、害怕、喜悦、气愤等。

第三步，说出哪些需要导致了这样的感受。

第四步，提出具体的请求，明确告知他人，我们期待他（她）采取何种行动来满足我们。

这种沟通方式不会引起对方抵触的秘诀是什么？严老师总结为十字口诀：说"我"不说"你"，说话留一半。"说'我'不说'你'"，意思是用"我"开头，描述自己的观察结果，而不是用"你"开头，忍不住去评价对方；"说话留一半"，意思是表达自己的感受、需求并提出请求，而不是直接命令或者要求。

正面例句：我发现，这一段时间我们好像都不太开心，似乎我们都不知道对方想要什么。

反面例句：你是怎么回事？你到底在想什么？你到底关不关心我？你必须听我的！

反面例句中的话语一说出口，你的情绪也会激起对方的情绪反应，你们就会陷入情绪对抗的循环里，没办法深入沟通需求。

我们来看两个具体的例子。

案例一：男友吃饭时只顾着回消息。

有一位女同学来到心理咨询中心求助，她最近的苦恼是，和男朋友一起吃饭的时候,男友因为忙于"挑战杯"的项目,一边吃饭一边回复手机上的消息,她觉得很不开心,就跟男友抱怨:"你能不能吃饭的时候不看手机?"男友也觉得很委屈:"你知道我最近在忙这个项目,就是很忙啊!"两个人最后不欢而散。

用非暴力沟通的四步法,女生应该如何表达呢?

观察:"我注意到你吃饭的时候很忙碌,一边吃饭一边还要不停地回复消息。"

感受:"我会觉得有一点点不舒服,还有一点难过。"

需要:"因为我想跟你说说话、聊聊天,我也想感受到你很珍惜我们相处的时间。"

请求:"希望你和我一样专注地吃一顿饭,共度一段二人时光。"

案例二:女友总想翻看我的手机。

还有一位男同学来到心理咨询中心寻求帮助,他的苦恼是女朋友总是喜欢翻看他的手机,让他感觉不胜其烦,有时就会脱口而出:"你干吗?!"女朋友也不开心:"怎么了,不能看吗?看看你手机怎么了?"两个人会因此吵架甚至冷战。

还是用非暴力沟通四步法来表达。

观察:"我注意到你时不时会翻看我的手机。"

感受:"我会觉得有一点点不舒服,还有一点难过。"

需要:"因为我感觉有点被打扰,我也想体会被信任的感觉。"

请求:"我希望你可以给我一些空间,如果你想了解我最近的生活,我也很愿意和你说说,你看可以吗?我也很想知道,对于翻看手机这件事,你的感受是什么?"

这一节里我们讨论了沟通中的表达和回应,其核心都是围绕"感受"和"需求"展开的,记住,沟通其实是一个情绪问题,情绪的背后,是对方和自己的需求。

第三节
"我的建议他总是不接受"——是让对方改变，还是让改变发生

对方改变和改变对方，并不是文字游戏。

一、你希望对方为你而改变吗？

心理学中有一个有趣的投射测验：想象你去恋人家里做客并且留宿一晚，第二天早上醒来，你去他（她）的房间，这个时候，他（她）是醒着的还是睡着的呢？

有研究者认为，如果你的选择是"睡着的"，那么在你们的关系中，你可能是希望他（她）保持原有的样子；而如果你的选择是"醒着的"，你可能是希望他（她）会为你而改变。

希望改变对方，可能是恋爱中最深的"执念"了。有时候想要改变对方，不是为了自己，而是真心希望对方好。但是对方是否领情呢？

现实中我们经常看到这样的场景：女生去哄男友，希望他讲出自己心里的感受，但是男友就是不想说话。一个人就像一只小鹬在不断地啄，另一个人就像一只蚌，壳越闭越紧。男友此刻不想以讲话的方式互动，而女生偏偏希望他能告诉自己他的感受，这就掉进了"改变对方"的陷阱。

演员刘烨的妻子安娜在接受《人物》杂志采访时聊过她如何引导刘烨少喝酒的事。

"刘烨以前经常喝酒，我们俩刚在一起的时候，我就不停地叮嘱他，要少喝，要少喝。后来我发现他喝酒并不快乐，他是跟一些想要合作的人喝酒，他也不舒服，他也不希望这样。从那时候我就开始觉得他可怜，他回家我就好好照顾他，就站他旁边，慢慢地他自己就说不喝了，之后就真的不喝了。

"你真的心疼他，他就自己改变。他自己有足够多的自信和勇敢。"（来源：《安娜：嫁给刘烨，是一个需要思考的决定》，有改动）

二、爱情不是一道数学题，不需要去证明

恋爱中有时会出现一种现象，男生或者女生要求对方为自己做一些什么事，认为对方如果做不到就是不爱自己的表现。

有时对方会反驳说："这样讲没道理，因为我也可以说，你不能接受'我不愿意'就是不爱我。你要是足够爱我，你就可以接受'我不愿意'。"

这个反对理由当然有效，不过这并不是问题的关键。

问题的关键在于，爱情不是一道数学题，不需要去证明；爱情是一段情感关系，爱是一道语文题，需要双方共同去论述。

恋爱中双方所有的付出与表达都是自由、自发、自主的，而不是被迫的无奈之举，这样的恋爱关系才能够健康和长久地发展下去。

当恋爱的双方确定恋爱关系，就是一个情感共同体。一方的开心愉快，不应该以另一方的痛苦为代价。

三、爱情是一道阅读题，需要你用心品读

有时我们希望对方改变是因为双方在一些行为方式上存在差异，这就引出另外一个话题，我们怎么处理亲密关系中的差异？

复旦大学社会学系沈奕斐教授在著作《什么样的爱值得勇敢一次》里面提到处理差异的一些技巧，可以总结为以下三点。

1. 看动机而不是看动作

《一年一度喜剧大赛》的剧目《浪漫泄漏》中讲述了这么一个故事：演员史策扮演的女生当天过生日，很希望王皓扮演的恋人给自己制造一些浪漫。而男生只是在微信上给女生发了红包，然后就一直催她回家。女生不依不饶，忍不住要和男生吵架，男生被逼急了，才告诉女生其实在家里已经准备了好几个惊喜，催她回家就是这个目的。

所以，有时候不能简单地看表面的动作，还要拿出一些耐心，试着去看看动作背后的动机。

2. 用好奇而不是用好恶

在看背后动机的过程中，我们提倡的一种心态叫作好奇心态。当你决定和一个人发展一段长期的恋爱关系，你的目的并不是把他（她）变成和你一模一样的人，而是了解他（她）是一个什么样的人，把你们两人融合成一个整体。

从"他（她）怎么会这么想？他（她）竟然是这么想的"到"哦，原来他（她）是这么想的，他（她）为什么会这么想"，再到"他（她）这么想也有一定的道理，他（她）这么想一定是有什么原因"，这是从"听见内容"到"听见对方"的三重境界。

3. 讲特点而不是讲缺点

当了解到对方行为背后的逻辑，我们需要做一些心理建设。很多时候优缺点都是相对于环境而言的，如果把自己和对方看作是一个生活组合，那么两个人之间的差异可能会形成互补关系。

一位咨询师分享过这样一个故事。有一次她在小店买了一些散装的面粉回来包饺子，丈夫看到之后忍不住说："这些面粉质量不一定过关，还是应该买一些正规的大品牌的面粉。"她一开始有点生气，心想：你不帮忙就算了，还对我指手画脚。但转念一想，丈夫的提醒也是有道理的，于是她很真诚地跟丈夫说："你说得很对，家里有你这样一位有食品安全意识的人就放心多了。"丈夫听后也很开心，于是和她一起包起饺子来。

四、爱情是一道思考题，用系统性思维构建爱情共同体

前面讲过一个寝室是一个共同体，其实恋爱中的两个人也是一个共同体。一个人说的和做的，都会影响到对方。

与其问对方"你为什么宁愿打游戏，也不愿意陪我逛街？""你为什么要我一直陪着你，不给我一点个人空间？"，不如问问自己"我做了什么让他（她）不愿意陪我去逛街呢？""我能做什么让他（她）愿意改变，给我留点空间呢？"。

在心理学里，这个叫作系统性思维。

在一段关系中，如果你希望对方有所改变，你要做的不是直接去改变对方，而是创造条件，让改变发生。

五、爱是一道论述题，需要你们双方共同去书写

我们在第二章第三节讲过"心理风车"模型。

当你只想让对方按照你自己的想法去想、去做的时候，你就陷入了"改变对方"模式的陷阱；如果你能先关注和回应对方的情绪和需要，说不定反而能促成对方做出转变，这就是"对方改变"模式。

如果其中一方慢慢感觉不到爱，也许你们要讨论的是爱的表达方式方法，就像《爱的五种语言》里写到的，是否存在方式方法的错位。

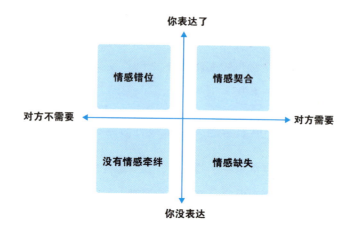

爱的表达模型示意图

如果希望感受到更多被爱的感觉,你可以考虑一下:我该如何做,才能让对方有更多爱的表达?

爱情是一种情感,需要的不是证明,而是阅读、思考、论述,考验的是我们处理恋爱关系中的差异、与恋人达成合作的能力。

第四节
"我俩总是为小事吵架"——破解情绪失控

严老师在情感咨询中发现一个有趣的现象：虽然来咨询的不少同学是因为恋爱中的一些重大事项，比如毕业后的去处、和双方父母的关系等，但也有很多同学来咨询是因为一些恋爱中的小事，比如要不要每天一起吃饭，吃饭时能不能刷手机，等等。

重大事项因为重要，所以很难被忽视。但小事就不一样了，就像鞋里的沙子，不舒服，但又常常被忽视。

这一节里严老师就跟大家聊聊恋爱相处中的小事。

一、恋人们为小事情绪失控的五个原因

1. 原因一：期望值过高

我们容易对亲近的人期望值过高，特别是在小事上。

先问个问题：我们为什么会容易对家人发火？我们可能常常听说，平时脾气很好的一个人，回到家里却经常跟父母发脾气、抱怨。

其实并不是我们的性格有两面或者对父母不够好，只是在我们的潜意识里对家人有更高期待。室友没有帮你带饭，你可能不会介意；可是如果父母没有给你准备饭菜，你可能就会大失所望了。

同样情况也可能会发生在你和恋人之间。同学没有帮你拿快递，你可能不会介意，但男友如果忘了，你可能就会生气：难道你不知道我一直在等这个快递吗？难道你不知道这个快递对我而言很重要吗？

抱歉，他可能真的不知道。

恋人在一起相处久了之后，会很自然地觉得，对方对自己的感受和想法应该是了解的，但实际上并非如此。

2. 原因二：没有准备

小事往往让人猝不及防，进而又成为情绪的发泄口。

因为事小，没有心理准备去应对小事上的失望情绪，所以小事往往成为突破心理防线的那个"蚁穴"，或者是压倒心理防线的最后一根稻草，让情绪从这里发泄出来，而这股情绪原本是冲着其他事或者其他人的。麻烦的是，恋爱双方有时候争吵起来都没有意识到，其实并不是为了这件小事而争吵。

被指责的一方会觉得特别的不理解和委屈：你为什么会为这样一点小事跟我吵架？至于发这么大火吗？这类似于把对鞋子外面泥巴的愤怒，发泄在了鞋里的沙子身上。

《奇葩说》第五季里，辩手陈铭在辩论"情侣吵架，到底应该谁有错谁道歉，还是男生先道歉？"时举例说，老婆回家一进门就冲他发火："陈铭，鞋子怎么又乱放？"陈铭会跟她讨论："老婆，今天是不是有谁惹你生气了？"陈铭是想让他的爱人觉察到，不是自己的错，不应该由自己来"背锅"。

3. 原因三：受控焦虑

对方跟我们谈小事，我们以为是在谈控制。

小事如果沟通不好往往会让人联系到控制与反控制，有点像前面说的"对方改变"和"改变对方"的问题。比如对于穿衣打扮的意见，或者女生觉得男生头发长了要去理发，男生拒绝，女生可能会认为"这样一件小事，你都不肯迁就我一下吗？"，男生可能会认为"这样一件小事，你至于这么计较吗？我的生活习惯就是如此，你为什么一定要干涉我呢？你是不是想控制我？"。

"跳出来"看，对方并不是真的想控制你，只是在这件小事上，他（她）控制不了自己对这件事情的反应。我们每个人可能都有一些特别在意的细节，而这可能恰好是对方不太在意的，比如饮食习惯上，吃面放不放葱花。所以，只是他（她）控制不住自己，与你其实没有太大关系。

4. 原因四：路人模式

试想一下你走在路上，迎面走过来的人把你撞了，你的反应会是撞回去、说他（她）两句，还是不予理睬？

大概率是这些方式中的一种。因为走过来的人只是路人，所以你不用太考虑他（她）的感受，或者你也可以选择不跟他（她）计较。

事实上，这正是情绪反应的路人模式——战斗或回避，fight or flight。

现在我们把路人换成你的恋人，假设今天他（她）跟你约会迟到了，或者答应你的事情忘记了，又或者是跟你聊天的时候有些心不在焉，你的反应会是立马黑脸还是避而不谈呢？

是我们错把恋人当成路人了吗？

其实我们也不想这样，但有时就是忍不住、做不到。

忍不住，大概率也不能怪你。因为情绪这个东西，本来就容易失控。

就像机器人有著名的三定律一样，情绪也有三个"出厂设定"：第一，情绪关注事件，不关注人；第二，情绪关注当下，不关注长远；第三，情绪促使外在行动，而不是内在觉察。

生气之所以叫生气，就是因为要启动一组生理反应，从而激发出行动的能量（气）。而在恋人面前，因为没有顾忌，所以反应更加原始，一不留神，就"跟着感觉（情绪）走"了。

我们有时把"跟着感觉走"美其名曰"活在当下"，这当然也不坏，可问题是：你的感觉（情绪）能代表你的全部吗？

因此有一种很诡异的现象是，在陌生人面前，我们常常会比较小心，往往很有耐心地去跟对方沟通；而在恋人面前，我们却会无意中切换到路人模式，要么回避问题视而不见，要么没有缓冲情绪直接发火，而这两种方式都会对两人的关系造成伤害。

5. 原因五：沟通僵局

路人模式常常让沟通陷入僵局。

情绪反应的路人模式麻烦在于，你的反应很可能也会激发出对方的路人模式，因为对方感觉被你当作路人对待了，他（她）的本能反应也是战斗或回避。当你言语攻击他（她）的时候，他（她）要么跟你争辩、相互伤害，要么被你吓跑；而当你回避他（她）的时候，他（她）要么干脆不搭理你，要么被你激怒，认为你在忽视他（她）。

这样一来，你们就像是陷入了一个情绪的旋涡，在里面绕来绕去，走不出来。

二、破解情绪失控的三个办法

1. 做好面对小事的心理建设

其一，降低对恋人的期望，允许他（她）有时候表现得不那么完美，同时也要意识到他（她）没有我以为的那么了解我，双方需要去沟通和表达。

其二，情绪失控时要试着提醒自己，你为眼前的小事生气，可能只是把对他人的怒气（比如在工作中受气了）转嫁到恋人身上了；被迁怒的一方也可以试着从这个思路去理解对方，和对方沟通情绪失控的真正原因。

其三，当你发现和恋人的生活习惯不同，你们可以尝试跳出控制与反控制的陷阱。如果改变的成本不大，你不妨先做出一点改变，让你们以最小成本达成一致。对方说不定会感激你的付出，也会尊重你生活中的一些小习惯，或者也会为你在其他一些小事上做出调整。

2. 破解情绪反应的路人模式

了解了情绪反应，我们就要反向操作情绪的"出厂设定"。

其一，既然情绪关注事件，不关注个人和关系，那我们就主动关注人物关系，降低语言表达中的攻击性，把事件和人物区分开来，不要因为对事件的情绪而"误伤友军"。

你可以说"这件事情让我很生气"，会比说"你这个人真的很让我生气"要好一些；或者说"这一次你让我很生气"，也比说"你总是这样""你总是让我很生气"要好一些。

其二，既然情绪关注当下，不关注过往和未来，那我们就平衡一下关注点，平时多做心理建设，例如梳理三个对方的优点，在你要对他（她）生气的时候，可以多想想优点，平衡一下自己的情绪。

其三，既然情绪促使外在行动，而不是内在觉察，那我们就增加自我觉察。当发现自己的情绪激动起来，在启动"战斗模式"时，你就可以用言语提醒自己（同时也是让对方了解）："我感觉自己有点生气了。"

待情绪稍微平静下来，你可以进一步反思这份怒气是来自眼前的恋人，还是生活中的其他人？又或者你的怒气，其实来自对自己的不满。

沟通，其实是一个情绪（管理）问题；而情绪，其实是一个（自我）沟通问题。

3. 启动情绪反应的爱人模式

什么是情绪反应的爱人模式？是从情绪宣泄转向情绪表达；是从评价对方转向坦白自己；是勇敢地向前一步，邀请他（她）听你的心声，说出你内心的需求和期望、担心和恐惧……

很多愤怒的背后，其实是我们的焦虑；很多逃避的背后，其实是我们的恐惧。

《奇葩说》有一期的辩题是："爱先说出口，就输了吗？"导师蔡康永说:"当然是输了,因为当你爱一个人,就意味着把你最柔软的部分——心,放到对方最有力的部分——手里。但是,因为那是爱啊,所以我们还是会这样做。"

你可能会输了口,但却赢得了心。

如果我们把对方视作倾心爱着的人,试着敞开心扉,你就会发现,我的柔软会激起对方的柔软,我的脆弱也会触发对方的脆弱。

都说"相爱容易相处难",但看明白了相处背后的道理,相信你也可以和你的恋人好好相处、长长久久。

第五节
用好三招,异地恋也能长长久久

每年刚入大学,高中谈恋爱的同学们就遇到了一个挑战:以前原本是校园恋,现在变成了异地恋。千里之外,沟通和交流都变得不那么顺畅。不能见面,感情的传达变得困难。一段时间后,不少人觉得这段感情难以为继,选择知难而退。那么,异地恋真的就没有解法了吗?

当然有!

严老师给大家的提示是用魔法打败魔法,用爱情理论巩固爱情。

在这一节里,严老师就用爱情理论和高难度异地恋的故事来给大家支招。

了解爱情心理学的同学可能听过一个著名的爱情三角理论,由美国心理学家斯滕伯格提出。这种理论认为爱情有三种成分:激情、亲密与承诺,一份美好的爱情大体上由这三者均衡构成,异地恋情也不例外。

那么,在异地恋情中,要如何维系感情的激情、亲密与承诺呢?

一、用精心设计创造浪漫感

对于激情来说,异地不仅不是阻碍,反倒有可能是"催化剂"。激情一方面来自神秘感,另一方面来自新鲜感。对于身处异地的两个人来说,神秘感是天然存在的。如果双方能在分开的日子里自由发展、不断成长,自然也能带给对方全新的体验。

陪伴不在身边,浪漫和惊喜不能缺席,如突然出现的惊喜、一次为纪念日精心策划的安排、一份为节假日用心准备的礼物等。在异地的日子里,更是要营造仪式感、浪漫感。一次美好的相处体验,能够在接下来再次分开的日子里,长久地慰藉双方。

二、用倾听陪伴维护亲密感

不在身边就不能陪伴了吗?答案是否定的。

1. 熟悉的声音

曾经有位学心理学的男生,恋人毕业后选择到英国留学,两国有八个小时的时差,需要陪伴聊天的时候,双方的时间不一定合得上。2020年,校园封闭管理,女友很希望他给予更多的陪伴。他很苦恼,于是向心理学老师求助。老师教给他一个办法,让男生为女友专门录制一些故事和文章的音频,女友思念他的时候,随时打开这些音频听一听,特别是入睡前可以听着男友的声音入眠。

2. 熟悉的物品

心理学研究发现,如果我们身边有一件熟悉的物品,特别是能抱在怀里、捧在手里、穿在身上,能给恋人提供很大的心理支持。即使对方不在身边,但如果能有一件带有他(她)个人色彩的物品在身边,比如男友亲手挑选的一个玩偶,会带来"如朕亲临"的感觉。

3. 共同的朋友

对异地恋来说,有一个难题就是生活圈子的交集太小,所以要主动地扩大交集部分。比较重要的一点就是把恋人介绍给自己的朋友认识,让他们也相互熟悉起来,让自己的朋友成为共同的朋友,无形中就增加了许多的共同话题,同时也加深了解对方的生活。

4. 共同的关注点

可以寻找你们共同关心的生活目标,比如考研、求职,相互分享经验、加油鼓励；也可以是你们共同关注的明星或者是影视剧作品，一起理性追星、共同刷剧。虽然你们身处异地，也会有一种"海内存知己，天涯若比邻"的感觉。

三、用一致的目标促进联结感

对于异地恋人来说，有一个彼此认同、愿意为之共同奋斗的目标，是支持你们走下去的强大动力来源。这里面涉及三个要点。

1.确定异地期限

明确双方异地期限，从什么时候开始，到什么时候结束。这样双方能够明确规划异地期间的生活，也能够看到异地结束、再次重逢的曙光，激励彼此坚持下去。

2.共同的发展目标

无论是在异地期间还是异地结束之后，双方都拥有一个共同认可且为之努力的生活目标，向着同一个目标方向努力。

3.认可与支持对方的个人发展

身处异地，两个人难免有着不同的发展目标，这个时候一方对另一方无条件的支持，是这段恋情坚持下去的最大底气。被支持的一方要感谢对方的付出，并主动把自己的个人目标和两人的共同目标结合起来。

4.异地恋经典案例解析——双军跨兵种异国恋

如果说有什么地方比校园出现更多的异地恋，那就是军营；如果说有什么人群比学生更可能遭遇异地恋，那就是军人。"一个军人半个家，两个军人没有家"。严老师在微信公众号"人民海军"上看到一对军人情侣的异地恋故事，我们来看看他们是如何创造出一段美好的异地恋的。

陈章毅和徐珮琰是一对军旅恋人，男生服役于中部战区空军某部，女生服役于海军驻吉布提（海外）保障基地。和一般的军旅异地恋人相比，他们是双军、跨兵种、异国恋，可以说是异地恋中的顶级难度。两国之间隔着五个小时的时差，加上高强度的训练与工作，十天半个月联系不上也是常有的事。

（1）创造浪漫（激情）

恋爱期间，为了给徐珮琰制造浪漫和仪式感，陈章毅会乘坐十多个小时的火车只为见她一面；两人在一起的日子里，陈章毅会为徐珮琰亲手烹饪爱吃的食物；不在一起的日子里，陈章毅送给她荔枝花束，订制相册记录两人相处的时光。为了领取结婚证，他们先后预约了九次，换了五座城市才成功登记上。陈章毅还为徐珮琰精心准备了一场求婚仪式，送上了精心挑选的钻戒。

（2）持久陪伴（亲密）

确定恋爱关系后，每个星期他们都会相互给对方写信，风雨无阻，从未间断。在短暂的见面中，陈章毅还会给徐珮琰写下爱心便利贴："少熬夜，小笨蛋，不能分担你的苦，但是我能陪你一起吃苦。"不能陪在女友身边，陈章毅就自学了织围巾、做拖鞋，徐珮琰每次穿戴上这些，感觉就像陈章毅温暖地陪伴在自己身边。

（3）两人一心（承诺）

两人因军考结缘，相同的理想让他们成为志同道合的好友。在相处中，也被对方身上的勤奋上进所吸引。

在感情的开始阶段，陈章毅就用心给徐珮琰写了一封长信，他写道："无论收到这封信的你会不会接受我的爱意，但是从今天起，我会每周给你写信，向你证明我的爱绝对不是一时兴起。"这份真诚的告白，给了他们长久坚持下去的底气。

婚后不久，徐珮琰就有机会选调驻吉布提保障基地。虽然心生向往，但结婚不久就要相隔千山万水，让她心生犹豫。陈章毅知道后表示无条件支持，让徐珮琰放心地去追逐自己的梦想。

跨国异地期间，他们各自投入到紧张忙碌的工作中。徐珮琰是在海外基地医院一天只能休息四五个小时的高强度工作状态，陈章毅是在最严格的军事训练中接受极限挑战。他们化思念为动力，努力变成更好的模样，不负这段异国的岁月。最终，他们双双交出了优异的答卷，徐珮琰在检验岗位上专业表现突出，还被评为"体能特三等级"，陈章毅则在训练中脱颖而出，获得全优的成绩。

陈章毅和徐珮琰的故事有没有给异地恋的你们一些启发和信心呢？利用异地带来的新鲜感、维护相互陪伴的亲密感、巩固共同成长的承诺，即使身处异地，也能酝酿出甜蜜的爱情。

第六节
做好四点,顺利度过失恋恢复期

爱情中有两个时刻令人刻骨铭心:一个是两个人心心相印走到一起时;另一个是百转千回,最终分开时。

曾经在一次心理讲座结束后,有一位男生找到严老师,向我讲述他和女朋友的故事。男生说,最开始是女朋友主动追求他,两个人在一起后有很多快乐的时光,经常利用假期到外地去旅游。大约半年前,女友对他的态度发生了变化,并最终提出了分手,他苦苦地挽留也没能挽回女朋友。他至今想不通分手的理由,也不知道该如何挽回这段感情。每每想起欢乐的时光,心中就痛苦不已。

是啊,在一起的岁月有多么幸福,分开后的时光就有多么痛苦。分手那么痛,也许是因为失去了自己。在恋爱中,对方就像一面镜子,映照出那个闪闪发光、光彩夺目的自己。

还有同学曾经分享过这样的感受:在之前的一段恋爱关系中,男生一直扮演着大哥哥的形象,无微不至地照顾女友的生活,为她的发展提供帮助,后来女友提出了分手,突然间男生觉得自己什么都不是了。

是啊,在一起的日子有多么意气风发、充满希望,分手后的日子就有多么彷徨失落、黯淡无光。

对于身处分手痛苦之中的同学来说,以下几个提示也许能帮助你顺利度过失恋恢复期。

一、回归独立，与过往保持距离

无论这段恋情的结束让你多么痛苦，对这样的一个结果你有多自责，但请告诉自己，在一起是两个人共同的决定，分开也一定与双方都有关，这个结果两个人共同来承担，而并非单方面的责任。

如果说决定分手为二人关系画上最后的休止符，那么重新开始独立的生活则是回归自己，对自己负责的第一步。

1. 不强求解释

恋情结束让人放不下的一个原因，是被分手的一方往往百思不得其解，他（她）为什么要和我分手？曾经有两位记者在网上联系了十五对恋人，分别从男方和女方的视角采访了他们分手的过程，并编撰成了一本书《我们为什么会分手》，书中讲述了恋人们不同的分手原因。其中有一位女生对一位男生一见钟情，去到男生家后看到男生对父母的建议百依百顺，觉得自己不能接受，于是跟男生提出了分手，但并没有告诉男生真实原因。

恋人选择和你分开，可能是有某种具体原因，更常见的可能是没有特定原因，只是他（她）内心的感受发生了变化。如果能在分手时和对方解释前因后果当然是最好，但如果不愿意给出理由也不必强求，因为这也很难改变你们分手的结果。

2. 断舍离

几乎所有关于失恋分手的心理学书籍里都会强调一个重点：不要联系、不要联系、不要联系。人们常说失恋以后不要联系前任，你可能确实没有联系，但会有另一个动作——忍不住去关注前任的信息，比如说刷朋友圈，关注他（她）的动态等。这里严老师给大家推荐一个破解之法——过度暴露法。

具体操作如下：首先记录自己每天刷几次前任的朋友圈，每次会看多长时间；然后在此基础上提高标准，同时把它定为一项任务，写进自己的日程里，要求自己按时完成，比如之前每天要关注三次，每次十五分钟，那么在此基础上要求自己每天要打卡四次，每次二十分钟。

这个方法的原理是，当你把之前的好奇变成了一项任务，窥探时的新鲜感就会逐渐降低，随之而来的则是无聊与无趣。久而久之，想去关注对方动态的冲动就会逐渐减低，最后就慢慢放下了。

3. 与过往保持距离

与过往保持距离最直接的办法就是在生活方式上做出一些改变，比如失恋后到异地去旅行，就是一个改变生活空间的方法。

对于校园恋人来说，有意调整生活习惯和改变个人风格，也是一种跟往事划清界限的办法。比如选择去不同的食堂去就餐，尝试新的菜品；更换自习室的房间以及调整学习时间；在宿舍里重新布置自己的个人空间，将物品摆放的位置和顺序做出一些改变；如果你喜欢听音乐，也可以试着找寻一些新的曲目或者风格迥异的音乐。尝试着改变个人风格，有时仅仅只是换一个发型，就能起到意想不到的效果。有些女生在失恋后把长发剪短，自我调侃"剪断情丝"，这是有一定心理学道理的。

二、转危为机，尝试未知的自己

尝试未知可以从两个方面来考虑，一个是生活层面的，一个是心理层面的。

1. 生活层面的探索与尝试

有没有什么书、影视剧，是一直想看却没有看的？

有没有什么人，是一直想见却没有时间去见的？

有没有什么地方，是一直想去却没有来得及安排的？

有没有什么活动或者角色，是一直想去体验却一直没有实现的？

有没有什么你曾经的兴趣爱好，却已经很长时间没有捡起来的？

不妨重新拾起恋爱之前的生活，想想那个时候的你，其实过得也不错。

想想自己曾经是否有某个目标，却因为恋爱而被尘封或搁置了？有研究发现，失恋之后去考英语四、六级或者其他资格证书，成绩反而特别好。

如果你暂时没有想法，那就去参加一些志愿者组织，做一做义工。有身患抑郁症的同学在休学期间通过参加一些义工活动，重新了解了更广阔的世界，感到被需要，找到了自己的价值，走出了困境。

也可以去拜访一下你的老同学、老朋友，看一看其他人的生活，他们在干什么、他们的情感生活怎么样、有些怎样的人生感悟，也许会对你有一些启发。

2. 心理层面的探索与尝试

你是否发现自己的痛苦不仅仅是因为这一次的失去，而是因为这一次的失恋引发了内心一些长久的伤痛？比如你可能会因为对方的离去而再次陷入自我怀疑、否定，所谓失恋的痛，莫过于失意。

你是否希望在爱情中获得滋养，在恋人的身上获得自我疗愈？这种需求无可厚非，但是如果恋情告终，只能说明对方不是能带给你疗愈的那个人。

你是否觉得这段恋爱的失败是因为自己还不够优秀？如果优秀的定义中也包括处理亲密关系的能力和心智的成熟，那这个说法也有几分道理。回想那些你们感情开始出现裂痕的时刻，如果在新的恋情中再次遇到类似的情况，你们是否可以化解危机？

不妨将错就错，让自己的内心真正成长起来。当我们的内心更加自给自足，更有可能收获一份成熟的爱情。

你可以通过阅读相关书籍、学习相关课程，甚至做一对一的心理咨询来提升自己处理亲密关系的能力。还有一种改变是更深层次的，就是勇敢地尝试新的亲密关系模式，采用更加灵活的应对方式。

如果你曾经在感情中一直处于被动顺从的一方，不敢说出你的需求，你可以尝试向对方坦白你的真实需求。不一定要在恋爱关系中，可以在日常的人际交往中尝试这种新的关系模式，也包括你和父母的互动。

如果你之前在亲密关系中遇到矛盾冲突时会采取回避的模式，是否可以尝试着在新的人际交往中去倾听和了解对方的需求，然后讨论出双方都能接受的解决方案？

三、相信未来，看到生活中的可能

对于校园恋人来说，一段恋爱关系的变化只是人生中的一个"暂停键"，未来依然有许多可能，不急于一时地做出决定。

曾经有一位女同学来咨询，她最近纠结于和男朋友的恋爱关系，每天都很焦虑，睡不好觉，吃不下饭。严老师问她："如果你和他继续交往，或者选择分手，你当下的生活会因此有什么不同吗？"这位同学很有悟性，她想了想，若有所思地说："好像没有什么不同。"

对于处在求学阶段的同学们来说，生活还有许多的发展空间和可能性，这也就意味着恋情的发展也有许多的可能性。一方面当然意味着一些变化的风险，另一方面意味着还有发展的可能性和调整的空间。

回到本节开篇提到的那位男生，严老师对他说："不妨为这段恋情按下'暂停键'，用这段时间专心地提高自己，等待对方，也许在人生的下一个路口，你们又会有重逢的时刻。"问问自己：假如我们的恋情依然在继续，我的生活会是什么样子？你可以依照这样的节奏继续提高自己，等待着对方，或者在未来的某个时刻，等到另一位更加适合你的人。

面对失恋后不舍得放手的一方，严老师通常会请他们思考一个问题：在这段关系中，你究竟爱的是一段亲密关系，还是爱的是对方这个人?

如果是前者（即爱的是恋爱的感觉），那么现在对方不愿停留在这样一段关系中，你该如何？

恋爱关系就像一段双人舞蹈，需要两个人的配合，一曲终了，对方选择退出舞池，短暂地休息，那你能做的就是做好准备，等待对方有再次起舞的意愿。

你可以思考一下，如何让对方重燃和你起舞的愿望？为了达到这个目的，你需要做出怎样的努力？比如说提升自己的舞技，登上更大的舞台？这样有助于增加重新共舞的机会。

又有哪些行为会将对方越推越远，甚至断绝再次起舞的念想？如果你执着要求对方立即重回舞池，这种纠缠会让对方更加抗拒。

如果你的选择是后者（即爱的是这个人），那么你能否从对方的立场出发，充分尊重他（她）的感受？如果对方觉得现在暂停恋爱是最好的安排，那么你能否以对方的利益为优先？就像人们常说的，"爱是给予，不是索取"。

与过往保持距离，尝试从上一段恋情中学习成长，看到未来生活的可能性，这就是帮助你顺利度过失恋恢复期的三个提示。

从心理学上讲，失恋后的痛苦感受有点类似于哀伤的过程，会经历否认、愤怒、崩溃、重生等一系列过程。而在这段过程中，允许自己有情绪的释放和表达，为这个情绪的宣泄设定一个期限，如果超过了这个期限还是无法自控，就要及时去向专业人士寻求帮助。

第六章
升学还是就业
——选择比努力更重要

第一节
用人生设计思维,破解大三抉择之困

严老师这两年给大三同学上心理健康课,请他们描述眼下最为烦恼的心事,让人感慨的是,有超过一半人数的同学在为未来的选择而烦恼。考研、考公务员还是就业,是他们心头挥之不去的选择难题。即使是选定了方向的同学也感到压力重重,前途未卜。还有同学说:"老师,其实我都不想选。"

严老师看到同学们在作业里的描述,很真实,也很让人心疼,很想对他们说点什么。

《人生设计课——如何设计充实且快乐的人生》里提到了一个理念——人生设计思维。这种理念认为,人生应该是开放的、流动的,基于个人特点设计的。在工作中人们追求的不再是一个结果,而是一种体验,重要的是"我做什么",而不是"我是什么"。当你感到迷茫的时候,尝试着用设计思维打造你的人生。

人生设计有以下五个基本原则。

第一,保持好奇:我的生活还有什么可能?有什么新的领域是可以和我的生活结合在一起的?用自由联想法,制作你的个人发展思维导图。

第二,重新定义:我真正要解决的是什么?我要达到的目的是什么?除了目前采用的方式与手段,还有没有别的选择或者替代性的方案?

第三，不断尝试：小步快跑，低成本试错。就像盖一栋房子，在真正实施动工之前，你可以先做一个模型，看看这个方案是否可行。你可以选择两三天时间，假设自己已经在一个新的生活状态中，看看你的感受如何？

第四，寻求帮助：让他人的反馈帮助你及时调整，从中获得启发。找你信任的人，或者和你有同样需求的人，一起讨论你的人生设计方案。

第五，无限过程：人生设计是一场无限游戏，把注意力从那些我们无法改变的事情上移开，专注于你可以选择和改变的部分。

可以从这五个角度重新审视大三同学的选择之困，探索破局之道。

一、保持好奇：给自己找到一个动力源、一个出发点

有很多同学觉得考研和就业是一个两难选择，即使选定之后也觉得心里不踏实。其实无论做哪个选择，重要的是你在其中能找到一个支撑点，能激发内心热情，找到一个能打动自己的地方。

考公务员、读研究生、工作，哪种生活能打动你？

有的同学选择学习法律，是希望为家乡完善地方文物保护条例出力；有的同学学习美术，在教小朋友画画中找到了乐趣。

所谓初心，并不是指自己最初的想法，而是指你内心最热烈的回应。

初心的确不容易找到，也不见得当下就一定能找到。但寻找初心，是你做出选择的首要问题。

如果没有，不妨去现实里、网络上、书籍杂志中看看其他人的生活，有没有谁活成了你想活成的样子？

最好的动力源，莫过于找到一个你认可的榜样。

人一旦坚定了自己前进的路，即使有再多的人和你竞争，内心也

不再恐惧、焦虑、挣扎，此时吸引你的已经不再是目标，而是行走的过程。至于目标，走着走着，不知不觉就到了。

动力源能激发出内心的热情，展现出来的是独特的你，能减少同质化竞争，跳出"内卷陷阱"。只要有热情，一份科普讲解的工作，你也能做成网络达人。

如果暂时找不到动力源，也可以先确认自己的能力，尝试从自己擅长的事情入手。

你可以从参加的社团、近期阅读的书籍、关注的影视剧等内容中找出一个兴趣点，比如说爱情主题，这也许意味着你的关注点是两性情感。那么，有什么与两性情感相关的工作或者企业、行业呢？

如果实在没有思路，也可以从以下三个角度作为思考的起点：考虑一份与你本专业相关的工作；考虑一份与你所学专业完全无关的工作；考虑一份没有经济因素影响，你希望去从事的工作。

第三个选项可能会让你觉得有些理想化，但是没有关系，这个选项的意义在于帮你打开思路，寻找和你当下思路的交叉点，可能会让你有意想不到的收获。

二、重新定义：竞争是更激烈了，但选择也更多元了

考研还是就业，看起来是一个二元选择，其实在两个选择的背后，还有许多细分的可能。

比如大家印象中体制内的工作沉闷乏味、约束多，可是也会看到像"深圳卫健委"公众号这样生动、活泼、可爱的内容。

比如有同学会纠结于自己到底适不适合做学术研究，但其实研究生也分很多种类型，即使是学术型研究生，也可以为未来工作做准备。学术研究中整理分析、调查研究的能力在任何一份工作中都是需要的。

更重要的是，体制内的工作竞争永远激烈，但体制外的天地却在

不断更新。比如在未来一段时间，新媒体平台的内容制作领域，有着巨大的人才缺口。把所学专业和社会发展趋势结合起来，你就能找到自己的切入点。

在一个变化的世界里，重要的不是关注那些不利因素，而是关注新的增长点。比如现在人口出生率下降，但家长对孩子的投入不减反增，非主科的课外兴趣班如乐器、书法、体育、自然、机械等课程需求很旺，有相应技能的授课人员的缺口很大，但进入的门槛其实并不太高。又比如人口老龄化，老年人的旅游、文化、教育、婚恋需求，又是一个巨大的市场。

旧的定义：经济形势波动、就业竞争激烈，我该怎么办？

新的定义：生活状态改变、行业不断演化，怎么找到结合点？

三、不断尝试：小碎步快跑，低成本试错

在快速变化的世界里，如今最受欢迎的十种工作中，大部分可能在十年前都不存在。这种变化也许会让你感到无所适从，因为人生设计思路也要随之变化。

仔细观察高水平运动员在球场上的移动，你会发现他们大多数都是踩着小碎步，这样能保证他们在高速的运动中灵活地改变方向。

选择理论1.0认为：选择比努力更重要，重要的是找到最适合自己的那个方向。

选择理论2.0认为：最适合的选择总在动态变化中，保持灵活的选择更重要，在变化中不断探索和改进自己的选择。

如果你在考虑自媒体能否养活自己，最好的解答莫过于尝试着运营一个自媒体；如果你想知道自己是否能够进入一个新行业，最好的解答莫过于试着向这个行业投简历，通过各种方式联系到业内人士，跟他们见面聊一聊。

向前一步、边走边看、边做边改、不断校正，是新一代的人生。

四、寻求帮助：把追逐目标的过程当作游戏通关

有些同学已经选定了方向，他们的困难在于如何坚持下来？

的确，无论是考研还是找工作，都是一个辛苦的过程。如果选定了方向，就是一个行为与情绪管理的问题。

不妨把考研过程当作一个游戏通关的过程，用游戏中的行为来管理自己的行为。

比如设定合适的挑战，寻求同伴的激励，获取及时的反馈。

关于这一点，可以回顾本书第一章第四节和第四章第二节。

五、无限过程：把未来看作是可变的东西

美国诗人弗罗斯特在诗歌《未选择的路》中写道："一片树林里分出两条路——而我选择了人迹更少的一条，从此决定了我的一生道路。"《三体》作者刘慈欣在他的一部小说《球状闪电》中也用过这句诗。诗句很美，却未必是真相。

当我们面临人生重大选择的时候，往往有一种错觉，认为一个选择真的会决定了我们一生的命运。

其实现在的社会给了我们充分的自由做选择，无论何时何地，我们都有很多空间与余地，调整、修正、改变我们的人生轨迹。

严老师在大三那一年，也曾在考研、就业和出国留学之间纠结过。当时感觉一旦错过了一个机会，后面就再也没有选择的机会了。结果一路走来才发现，当时以为的"一试定终身"，不过只是一次站在人生中的十字路口，后面依然有再次选择的机会。当时我如果选择去工作，后面依然有一边工作一边读研，以及通过非学历教育从事心理咨询工作的机会。

心理咨询师李松蔚曾经在他的微信公众号写过一篇《高考志愿指南——把人生看成可变的东西》的文章，他原本是写给即将参加高考

的学生,严老师认为对面临大学毕业的同学来说这篇文章同样有一定意义。

重要的不是做对每一个选择,而是把每一个选择变成当下最好的选择。

保持好奇、重新定义、不断尝试、寻求帮助、无限过程,运用人生设计思维的五大原则,看似迷茫的大三也能变成人生新的起点。

第二节
运用四步台阶法，助你找到心仪的工作

一、专业能力不突出不好找工作？你需要了解企业招聘的内在逻辑

有同学留言："老师，我读的是文理混搭、学科交叉的专业（如管理＋计算机），感觉自己哪门都学得不精，比不上专攻一门的同学学得深入。我很困惑，未来不知道自己有没有竞争力，能不能找到工作。如果考虑读研的话，我又对学术没有兴趣，不知道自己的发展方向在哪里。"

这位同学的提问具有一定的代表性，表面上看是一个交叉学科、就业规划的问题，本质上还是所学专业和就业之间的关系问题。

这个提问其实透露出一个误区，以为在专业领域处于顶尖位置才有出路。但事实果真如此吗？我们来看两个假设。

如果把学校比作一个学生，也许普通本科学校会认为，我既不像一些同学的学术能力很强，比如武汉大学、华中科技大学；也不像有些同学的专业能力很强，比方说武汉纺织大学，那我的出路在哪里呢？

又比如说一个大学新生，他觉得自己既不如有些同学多才多艺，沟通能力强，适合去工作；也不如有的同学头脑聪明，天生就是"学霸"，那我的出路在哪里呢？

事实是，并不是只有第一名才有路可走，重要的是走出你的特色，找到适合你的位置。

回到最初的提问，其实还是一个专业方向与职业规划之间的问题。职业规划和专业有关，但不是完全画等号。根据调查，美国只有27%的大学生毕业后，从事的工作和他们所学的专业有关。

那么企业招聘的内在逻辑是什么？

企业招聘不是高考录取，招人的时候并不是按照学校在全国的排名录取，也不是按照专业排名的成绩录取。企业招聘，是看求职者是否符合企业的特点以及招聘岗位的需求。

什么叫符合企业的特点？比如说一些国有企业，主业是基础设施建设或者工业建设，待遇很好，但员工有可能被外派到边远地区，甚至是去国外工作。这个工作安排是否和你的生活规划相匹配、你是否具备吃苦耐劳的精神、你的价值观能不能和企业同步？这就是企业要考察的问题。

二、运用四步台阶法，一步一个脚印找到适合自己的工作

从企业招聘的思路回到我们自身，个人职业规划思路是以自己为起点，以岗位为终点，分四步走，一步一个台阶。

1. 一级台阶：回到自身，明确定位

根据霍兰德职业倾向理论，人群可以分为六种职业倾向：研究型、操作型、创意型、整理型、领导型、关怀型，而每一种职业倾向对应的都是一种职业能力。企业招聘，招的是人才，但不仅仅是专业人才，如研究型、操作型，更多的是需要各种不同类型的人才。每个具体的岗位，需要的也不是单一的专业人才，而是具备多种能力的复合型员工。

举个例子，你是一名药剂学专业的学生，专业能力不算拔尖，但你的外语能力很突出，不仅以高分考过六级，还能熟练浏览外文网

页、处理外文文档,那么你可以把语言能力作为核心竞争力来凸显。对一家制药企业来说,他们也许看重的是你既有药剂学的专业背景,还能熟练掌握外语的复合型能力。如果企业有外贸相关的岗位,你会比只是专业成绩突出的同学更有竞争力。

回到自身,要具体分析一下你的兴趣与能力在哪些方向,你的优势和闪光点在哪里?如果没有头绪,可以回溯以往的生活经历,自己有过什么辉煌时刻?那一刻体现了自己哪一方面的能力?也可以在大学生活中不断地了解自己、观察自己。即使一时找不到也没关系,可以从现在起,有目的、有计划地去培养,提升自己的能力,并最终体现在你的求职简历中。

2. 二级台阶:求助网络,职业访谈

如果你还不知道什么是职业访谈,那么你就很有必要补上这一课了。职业访谈既是求职决策的重要信息来源,也是打开求职之门的重要途径,针对你感兴趣的领域和企业,向相关岗位的人员采访了解工作岗位的相关情况。

你要了解的内容包括:他是如何开始从事现在所做的事情的?他是如何获得该专业的相关技能的?他每天的生活是什么样的?他是怎么得到这份工作的?如果你从事他现在的工作会怎么样?

如果你觉得这样的直接采访不太容易实现,也有一些间接了解的方式,最简单的是可以从网络上搜索相关的职业采访文章或者视频。在哔哩哔哩网站以"职业访谈"为关键词进行搜索,你将得到大量的搜索结果。如果你对某个特定的职业感兴趣,也可以加上该职业关键词一起搜索,比如职业访谈+保险经纪人。另外,有一些职业规划和就业指导的书籍中也会有职业采访的内容。

如果你有机会能够实地去体验一下这份工作就更好了。关注一些公司的实习申请机会,通过师兄师姐的引荐进入公司实习,能够让你获得第一手的、最直观的职场体验。

求职时，充分发动人际网络也是非常重要的。不用担心你和想采访的人之间隔着千山万水，根据社会学的"六度分离理论"，这个世界上，任何两个人之间最多不超过六个人就能联系上。

想想看，你可以用到的人脉资源有哪些？

你的亲朋好友；以前的同学、老师；大学里的辅导员以及专业课老师；师兄师姐和已经毕业的前辈；大学里设有校友工作办公室，有丰富的校友资源库；通过网络，向你想要了解的企业或者个人直接发起邀约。

3. 三级台阶：企业调研，深入了解

通过职业采访，有了目标企业，接下来就该深入了解该企业以及相应岗位的需求了。这个企业有怎样的价值观？未来几年的发展方向是怎样的？这个岗位对员工有怎样的具体要求？

对一个企业了解得越多，能进入这家企业的概率就越大。获得一份工作就像追求一个恋人，对一个人、一家企业了解得越清楚，越有助于你弄清楚对方是否是你合适的选择，以及规划下一步——如何打动对方。

要了解一家企业，最好能够进去做实习生，在具体的工作中体验了解。同时在大学的专业学习中，多参加一些实践性的项目活动。

怎样了解一个公司的企业文化？最便利的方法是到网上搜索这家公司负责人近两年公开发表的演讲、接受的访谈，这些最能体现一家公司的企业文化和战略方向，同时也能看出公司未来发展的高度。

还有一个提示，找工作时要避免陷入对企业的刻板印象。举个例子，假设你是一位建筑类土木工程专业的学生，你认为比亚迪会有适合你的工作岗位吗？乍一看，你可能觉得跟你没有什么关系，毕竟比亚迪在人们的印象中是一家主营做电池和电动车的企业。但如果你仔细了解过他们的校招内容，就会发现他们其实也是国内轨道交通的领军企业，而轨道交通的站点设计和结构设计是需要招聘土木工程专业背景的人才的。这个专业交叉结合点也是一个新兴的细分领域，有很好的发展前景。所以，求职前要详细了解企业的招聘计划，以免错失良机。

4.四级台阶：打造人设，焦点呈现

接下来要考虑的就是如何打动你心仪的企业了。在你的简历中，要突出岗位需求中提到的关键技能，你应该强调自己可以为企业做什么。简历内容不要面面俱到，严老师看过一些学生的求职简历，里面把普通话证书，计算机证书，四、六级证书都写进去，不仅信息冗长，更要命的是显得重点不突出。

简历中的内容应该重点突出招聘企业对这个岗位的核心要求。比如应聘一家医药公司的销售岗位，那么你展示的重点就不局限在医药方面的专业能力，而应该多展示你曾经在社团活动中拉到了多少赞助费。

当你通过职业采访和求职调查了解清楚企业和岗位的需求后，你所要做的就是有针对性地打造你的求职人设。用你的作品和成果来打动企业，不是我经历过什么（学历、职位），而是我做过什么（活动、项目），得到过什么（奖项、影响）。企业不会只看你的具体经历，比如说学习经历（毕业证），或者是学生干部工作经历（部长、主席），企业看重的是在这些经历中你完成了什么内容，达到什么目标，又在其中体现了哪些能力。

当你在寻找自己的目标企业时，不妨和有同样需求的人组建一个探索小组，同时也适当地向你的职业发展导师求教。关于这一点可以翻阅本书的第一章第四节。

了解企业招聘的内在逻辑，按照明确定位、职业访谈、企业调研、打造人设的四步台阶法，一步一个台阶稳扎稳打，即使专业能力不是你的强项，也一样能够寻找到心仪的工作。

第三节
考研还是就业，不妨问问自己这四个问题

"老师，我该考研吗？"

"老师，我对读研没什么兴趣，可是又担心没有研究生学历找不到工作。"

"老师，我感觉还没做好走上社会的准备，我很享受学生的感觉，想在学校里再待几年，我该读研吗？"

"老师，身边的人都在准备考研，我觉得自己也该试试，可我担心自己的学习能力不够。"

"老师，我想直接找工作，可是父母劝我继续读研，我该怎么和他们沟通？"

在大三年级心理课堂上，严老师在作业"目前你最关心的话题"中看到，同学们提得最多的就是考研与就业的抉择。

什么情况下需要考虑考研？

其实这个问题原本并不难回答。一般情况下，从个人因素来说，考研无非是三种情况。第一种是个人对做学术、做研究有兴趣，想一路深造，最后成为研究者。第二种是在本科阶段重新确定了自己的兴趣与发展方向，想在研究生阶段换一个专业。严老师所在大学的心理学系就有这么一位老师，她本科学的是英语，在研究生阶段转向了心理学专业。第三种是为了提高自己在人才市场上的竞争力和起薪标准，或者达到某个岗位的入职门槛。市场调查显示，研究生的起薪标

准要比本科生高出一千至二千元。

前面两种情况相对比较单纯，考研的同学只要选择合适的院校和专业即可。令人纠结的往往是最后一种情况，是花三年时间读研还是积累三年的工作经验，大学生们左右为难。

以上三种情况是考研与否的内部因素，但实际上，往往还要考虑一些外部因素，比如就业市场的环境、身边同学考研的氛围、恋人之间共同发展的安排、还有家庭父母的意愿等，这就让考研还是就业这道选择题变得更加复杂。

无论问题的影响因素有多少，答题的思路框架都是一样的。下面就让我们来化繁为简，看看究竟怎样做好这道选择题。

严老师提供的答题思路是：了解两个要点、回答四个问题。

在是考研还是就业之前，你首先需要了解两个要点。

第一，所有的工作都需要职业素养和专业素养，不同的工作各有侧重，但两者肯定都是不可或缺的。

什么叫职业素养和专业素养？简单来说，企业笔试时考查的是专业素养，但在企业面试时考察的就是职业素养。

这两者的关系就好比体育运动的田径项目和其他专业项目。田径是"运动之母"，最基础的跑步、跳跃、投掷这些动作，是其他一切运动的基础。而在职场上，我们思考、写作、表达、沟通、管理的能力，也是我们一切工作的基础。

不同行业和岗位各有侧重，重点强调专业素养的，以医生、教师为代表；重点强调职业素养的，以各类管理岗位为代表。

不要以为读研就没有职业素养的要求。举个例子，有些研究生同学不知道怎样和导师沟通，这其实和职场上跟领导沟通有相通之处。很多大学有职业规划和就业指导课程，但是还没有培养职业素养的课程，这就好比你去谈恋爱，给你介绍了对象，但是却没有教你怎么和异性相处。

所以在大一、大二年级，对以就业为导向的同学而言，与其多学一些科目、多拿一个学位（辅修双学位），不如多考虑提升职业素养（能力）。

第二，大多数的职业素养和专业素养，都是在具体的实践和应用中发展起来的。

研究生的学习阶段，在专业技能培养上，学硕不如专硕，专硕不如实习。

实践应用是最好的老师。

大学里什么时候学知识最快？期末考试之前。

什么时候学的东西最多？参加项目，比如参加"挑战杯"的时候。

所以在大一、大二年级，与其花时间考取一些大众化的证书（含金量特别高的除外），不如多参加一些项目，获得更多的实践经验。就好比拿出一张体测证明，不如跑完一次半程马拉松有说服力。

有了这两个要点认识，接下来你要问自己四个问题。

第一个问题：你期待的工作，在入职时更看重职业素养还是专业素养？

不是所有的工作在入职时都需要具备很高的专业素养，有一些公司更喜欢招聘本科生，认为可塑性更强。举例来说，人力资源工作并不意味着一定要人力资源硕士，严老师有一位心理学专业的学生，本科毕业就参加工作，现在在一家国企的人力资源岗位上做得很出色。

严老师也曾经是一名考研"二战"的老兵，第一年踌躇满志地报考了一所北京的名校，结果是名落孙山。第二年调整了策略，严老师选择了一所专业课难度较低的学校，这次成功考上。我之所以坚持考研，一是因为我要跨专业，二是因为心理学领域对专业素养更看重。

第二个问题：你的职业素养和专业素养的情况如何？你的优势在哪个方面？

据说理工科同学的寝室里总有一个人，代码永远比别人短几行，很明显，这个人的优势是在专业素养上。那么你呢？是在专业素养上胜出，还是在职业素养上胜出？

第三个问题：考研或者就业，接下来的三年经历，会给你的职业素养和专业素养带来怎样的提升？

对于这个问题，不同专业的情况不一样，需要你自己去详细了解。体育媒体人杨毅讲过一个故事。有一次遇到一位年轻的媒体记者向他表示感谢，一聊才知道，几年前这位记者（当时还是大四学生）曾向他征求过意见，问他是否要继续读新闻学的研究生。杨毅告诉她，新闻专业有句话叫"新闻无学"，意思是说这个专业需要在更多的工作实践中积累，所以鼓励同学要么出国看看，要么直接参加工作。这位同学本来一心准备考研，听取了他的建议后重新制订了职业规划，选择了出国，在美国体育新闻界寻找实习机会，现在重新回到国内发展，她很感谢杨毅当时的指导。

由此可见，对新闻学来说，实践积累对提升专业素养更为关键，而读研带来的提升比较有限。你准备就读的研究生专业的情况如何，可以向本专业的老师和毕业后的师兄师姐做一些访谈，具体了解一下。

第四个问题：无论是考研还是就业，接下来的三年，如何提升你的职业素养和专业素养？

不论是哪种选择，你最终的目的还是要找工作的，即使是继续读书也是把研究变成工作。在职业素养和专业素养上，有什么优势需要突显？有什么短板需要补齐？你的核心竞争力是什么？你的职场标签和关键词是什么？

最后，严老师想说，与其把自己的关键发展押在研究生考试上，不如保持长久的学习动力，提升学习能力。对于想尽早参加工作，同时又希望继续提升学历的人来说可以就读在职研究生，并且根据工作内容的需要，选择对应的专业。工作后选择最多的是就读与管理相关的研究生，比如MBA或者是MPA。

中国地质大学的杨琴老师写过一篇《考研失利，我该继续备考还是去工作?》的文章，文章里她列举了一位朋友的例子：这位朋友起初是国内普通高校财务专业专科毕业，他先从一个较低的岗位开始工作，通过自己的努力考上了注册会计师。工作若干年后，他又考上一所知名大学的MBA，随后到大城市工作。再后来，他通过自学考试拿到了律师证和保险精算师的资质。工作之余，他还利用休息时间，出版了三本财经专著。

以上两个要点、四个问题，都是围绕职业素养和专业素养来思考，相信你把这四个问题想清楚了，是考研还是就业，你的心中也就有答案了。

第四节
什么是适合自己的好工作？职业选择的五个方法论

"老师，可以跟你约时间单独聊聊吗？"

一位药学专业的毕业生来向严老师咨询，他遇到一个幸福的烦恼，有两份工作难以抉择，想听听严老师的意见。

第一份工作是在医院的药房，开始时收入不高，但是比较稳定，上下班时间相对固定，且有一定的闲暇时光，但是工作状态相对沉闷无趣。

第二份工作是去医药公司，开始时的收入会比医院要高，但是工作八小时之外需要处理一些突发状况，比如半夜需要及时响应一些紧急情况，可能还会有一些应酬，这也意味着自由时间会减少。

作为一个在大学里努力拼搏的人，他认为自己应该去医药公司拼一拼。

严老师问了他五个问题，这五个问题背后，其实是职业选择的五个方法论。

第一个问题：这份工作在未来三至五年内能够给你什么？哪份工作在五年后会让职业发展的空间变大而不是变小？

是未来创业的原始资本积累，还是从业经验和人脉资源，或者是有自由时间可以继续深造学习？

比如对这位医药专业的同学来说，医院药房的工作在稳定之余，还有闲余时间可以用来学习。可以在八小时工作之外培养自己的兴趣与特长，开发第二职业。一方面可以学习专业知识，让本职工作如虎添翼，另一方面也可以开辟个人成长的"第二战场"，提升个人竞争力，丰富生活空间。

上海有不少年轻人都报名上夜校，去系统地学习一门技术或是课程。大家熟知的有多部小说被改编为知名影视剧的作家海岩，白天，他的身份是一家酒店的副总。夜深人静的时候，伏案写作成为他缓解工作压力、保持兴趣爱好的一种方式。

如果你的工作每天加班到很晚，完全没有八小时之外的时间，或者一天下来筋疲力尽，回到家只想睡觉，那你就要警惕了，因为这样只会让你在工作岗位上低水平地重复，没有时间提升自己的内在或者在工作之余为自己充电。

第二个问题：这个工作岗位和行业在未来的发展趋势是怎么样的？

选择职业也是选择和一个行业、一个时代一起成长。今天的"稳定"不代表十年之后的"稳定"，今天的"热情"未必意味着十年之后也有同样的"热情"。我们不可能完全准确地预测未来，但至少要考虑一下，如果将来发生了变化，你自己是否有足够的资本去应对这种变化？

十年之后，你三十岁出头，正是开启第二阶段职业生涯的黄金时期。那么。第一个十年的积累能否为你第二阶段的拼搏铺平道路？

对此，我们也可以反向思考。在一次新闻发布会上，记者问亚马逊CEO贝索斯："你认为未来十年内，什么变化最大？"贝索斯回答说："这个问题不错，但是我有一个更好的问题，在未来十到二十年，什么不会发生变化？"

第三个问题：你希望十年之后的生活是什么样子？你现在是否能看到十年之后你的生活状态？

对于这个问题，这位医药专业毕业生的回答是"变成更优秀的人和有足够的时间陪伴家人"。严老师说："有足够的时间陪伴家人是一个好的目标，但是变得更优秀不是一个好目标。怎样定义更优秀，怎样衡量你是否达到了更优秀的目标？"

他的回答是："到那个时候成为一个团队的管理者，管理一个部门或者一支队伍。"

成为一名管理者，这就是一个相对清晰的目标了。但是，无论是哪个行业、哪个岗位，即使是在医院药房，也可以从药房普通工作人员成长为药房管理者，逐步进入医院的管理层。这家医院有没有这种职业晋升制度，需要具体去了解一下。

对于后一个问题，要向这个行业里已经从业十年的前辈了解，看看他们现在的生活状态。具体了解一下，医药公司的工作在八小时之外的加班频率如何？十年之后会更忙碌还是会更自由？

第四个问题：你真正的优势是什么？哪个选择更能发挥你的优势？哪份工作你愿意做十年甚至更长的时间？

《人生护城河：如何建立自己真正的优势》的作者张辉认为，理想的工作具备三个特征：第一，做有潜力的事情；第二，与自己佩服的人一起做事；第三，充分发挥自己的优势。

找到最能激发你的热情的点，它会支持你长久地走下去。

和这位同学顺着思路谈下来，有一个点逐渐清晰起来：他希望自己逐步成为一个管理者，他的热情也来自于此，所以他的职业规划都可以围绕这个核心来展开。

如果还没有清晰的职业定位，你可以想象一下，不考虑任何客观因素，比如收入、父母期望等，你最想做的事情或者工作状态是什么？

第五个问题：选择就意味着放弃，两相比较，放弃哪一个是更不能接受的？

这是李开复在《世界因你不同：李开复自传》一书里讲过的一个

故事，他曾经对辞退一个关系很好的老员工产生过犹豫，他用了一个"报纸头条测试法"，想象明天的报纸头条有两种不同的报道，一种是他辞退了老员工，会被人说不讲人情；另外一种是他没有辞退老员工，但是会被人指责违背了公司的利益。他觉得后一种更不能接受，所以他选择辞退了这位老员工。

如果进入体制内，该如何继续成长呢？

近两年经济形势波动，有一份稳定的、有编制的工作，成为了很多毕业生的目标。那么进入体制内工作，应该如何继续成长呢？

关于体制内的工作有许多传言，比如传说中"一眼望到头"的职业生涯，其实体制内的工作也并非如铁板一块。在社会转型背景下，体制内也需要大量的"新鲜血液"带来变革与创新。这几年时常看到地方文旅局长亲自下场，为地区旅游代言，这就是一个典型的例子。

在体制内工作，需要"两颗心"：需要把一件简单的事情做好、把一件事情重复做一万遍的耐心；需要为社会、为地区服务做贡献的初心。

严老师接触过一些到地方做乡村干部的学生，大学期间就在学生会和社团任职，愿意为他人、集体和团队服务。有"两颗心"打基础，你在从事体制内的工作时，就不会太难受别扭。

另外，体制内岗位也并非完全没有流动性，且不说你可能因为某种特长被赏识而调动到其他的部门，就是从当前的单位到其他地区或者部门去体验交流也是有机会的。

《三联生活周刊》曾经刊发过一篇文章《体制内工作12年，我的"中年危机"》，讲述一位女生在体制内工作几年后，因为不适应人事关系渐渐失去了工作动力。这时有一个到农村挂职的机会，她毫不犹豫地报了名，在基层乡村工作和与村民的互动中又重新找回了工作热情。

最后还是回到选择的话题。选择本身固然重要，但更重要的是通过努力,把这个选择变成最好的选择。"一流的战略、二流的执行"不如"二流的战略、一流的执行"。

在一个不断变化的年代,不再有"一试定终身",唯有持续不断地成长,才是永恒不变的选择。

第五节
面试前后注意几个要点，实现成功入职

面试对成功入职的重要性不言而喻。但刚走上社会的大学生可能还是会因为经验不足而"踩坑"，错失本来可以争取到的职位。

这一节就以公司面试应聘人员的真实案例为基础，来给大家讲解面试中需要注意的要点。

一、招聘流程与面试安排

一般面试的人选都会由人力资源主管初筛和邀约，然后人力资源经理和部门经理进行线上或者现场面试，最后到部门总监再次集中面试。一般会集中时间面试同一个岗位的几位候选人。部门总监面试完后，所有和应聘者沟通过的人员都会向人力资源部门反馈自己的意见和看法。如果是非常明确的统一意见，那应聘者就顺利地被录用或者被淘汰。如果有不同意见，公司就会进入讨论环节，讨论之后再选择一到两位面试者继续跟进。

二、一次线上面试案例解析

在讲解面试要点之前，我们先来看一场面试的真实案例。

某幼儿教育机构面试区域园长岗位，三位候选人都有十年以上工作经验，三场都是视频面试。视频面试的特点是人与人之间缺乏真实感受，所以展现在视频中的形象、声音，以及回答问题的逻辑思路

就非常重要。

第一位面试者的时间是下午两点，我们准时开始。打开屏幕的时候，我看到了一个从下往上的镜头画面，除了面试者本身，另外看到的是房间的一个角落，离门非常近，后面是瓷砖墙，我的第一感受是这可能是在洗手间里进行的面试。她选择了这个面试地点，也意味着她不会选择认真着装。事实也是如此，她的头发散乱，镜头内也不是正装或者休闲正装。

当这个画面出现的时候，我们还没有开始对话，但已经有了面试的初印象。除非后面出现极大的反转，比如这位面试者非常有才华、善于表达，否则基本上会被淘汰了。为了验认我的猜想，我坚持问了一些问题，但并没有得到特别令我惊艳的回答。我们的交谈进行了十五分钟就结束了。

第二位面试者在我进入视频会议室的时候，她已经在里面等候了。视频里，她着正装、画淡妆、身姿端正。尤其是与第一位对比后，我对她的第一印象就很好。问答过程即使不是特别出彩，但也没有扣分项。

这位候选人在事前做了很多准备，有些问题即使答不上来，但她会翻阅记录的资料，继续回答。如果说整个过程有什么遗憾的地方，就是过程过于严肃，这可能是她过于紧张的原因。最后结束的时候，我讲了点生活中的事，她就笑了起来，整个气氛都缓解了，感受也完全不同了。

第三位面试者思路很清晰，讲话逻辑性也比较强。但与第一位候选人类似，服装过于休闲，背景是家中的阳台，阳台堆的杂物非常散乱，给人留下的印象不深。问到对校区的了解情况时，对方回答："非常喜欢校区，但具体情况，准备下周去校区时再进行了解。"实际上他是不会这样做的，面试前都没有了解，面试后怎么会继续去了解呢？

上述三位面试者的时间都安排在同一个下午，一位接着一位，有非常明显的对比效果。

一次线上面试案例，对于初入社会或者想跳槽的人，还是有几点参考价值的。

三、线上面试中注意的要点：仪容、姿态与背景

首先，我们一定要注意自己的仪容。仪容是可以改变自己状态的，面试时最好着正装，至少是商务休闲装，而且是全身。不要认为是在自己家中视频面试，所以不需要整理仪容，这样是不对的。服装会给面试官强烈的心理暗示，你现在在做什么、以什么样的心态来做。这么做，不单单是为了给面试官留下好印象，这并不是最根本的原因，最根本的原因是你的状态会不一样。女性一定要画淡妆，男生需要清洁头发，这些都会影响自己的心理状态。

第二，姿态。《高能量姿势》这本书详细说明了一个人的姿态对每个人的影响。姿态有非常强的心理暗示，Fake it until you make it，是非常有用的。第一位面试者缩在房间的角落里，从某种角度证明了她是非常不自信的，而这个状态又进一步对她的心理产生影响，她进入到一个紧张的状态，很难给对方留下良好的印象。

第三，背景。如果家中没有整齐或者美丽的背景，那就选一面白墙。虽然最重要的是面试者的表现，但杂乱的背景会让面试官的印象分大打折扣，也会分散面试官倾听时的注意力。

四、现场面试注意的要点：做功课、守时、坦诚、合适提问

接下来，再说一下现场面试。

一场成功的面试，在既定的时间内，主要取决于内心的状态和外在的表现。现在，我们重点讨论外在的表现。

首先，做功课。面试前与对方的人力资源经理沟通时，询问清楚

面试官的名字和职位。如果有机会，可以请教人力资源经理，还有哪些事情是需要自己注意的。对方不一定有空具体指导，但至少可以展现出自己谦逊的态度。如果对方有提示，一定做好记录。

其次，守时。确认面试时间、规划路线，预留出足够的时间，一定要准时！准时是指提前十分钟到达面试场地。守时是面试的第一准则。

再次，坦诚。到了面试公司，通常会有一些表格需要填写，只要不涉及敏感信息，请如实填写。填写表格的目的有两个，一是大致了解面试者的家庭背景，二是看字迹，字迹整齐、流畅，不要有墨团涂改。有些面试者对这一点非常抗拒，其实大可不必。非常抗拒的时候，面试者表现出来的特点是比较敏感、不够开放、不够灵活，如果进入公司，团队的配合和协调会有困难，除非这个岗位非你不可。有些信息不想写，可以省略或者简单填写。写下什么内容并不重要，填写的内容是否完整而缜密，也不重要。这个过程中，面试者的反应态度、表达疑虑的方式、字体是否整洁，才是面试官比较关注的。

最后就进入了面试会谈环节。这个环节，根据对方问题来回答就可以了。会的，就直接回答；不会的，根据面试官的风格不同会有些差异，有的面试官希望面试者直截了当说清楚，会还是不会；有些面试官则是希望面试者不会，也能说出解决问题的思路。总体而言，坦诚、简明地说清楚会还是不会，总是没有错的。

面试主要环节结束后，还有一个面试者的提问环节。一般来说，面试官会例行问一句："你有什么问题要问我吗？""你有什么疑问吗？"这是一个非常重要的环节，面试官非常希望听到面试者的问题。但这个问题，不能和薪酬、休假、出差要求等相关。这些问题可以问，但不是在这种场合。面对面试官提问，可以问面试官对大环境的看法、公司未来的发展、这个岗位未来十年的发展前景，如果要在这个岗位上取得成功，依据面试官多年的工作经验，是否能给你一些建议，等等。

面试结束之后，有些面试者能拿到面试官的名片或者邮箱。那么，回去后可以给面试官发一封邮件表示感谢，也表达出非常期待加入公司的意愿。内容简单明了，三两句话就可以，这也能加深面试官的印象。

五、面试后需注意的要点：真诚沟通、相互理解

一般面试结束后的一周内就能知道结果。如果面试通过，在没有发 offer 之前，人力资源专员会跟你通过微信、邮件或者电话联系，讨论工作岗位的细节。这个时候，可以向人力资源专员表达并沟通自己的想法。公司招你进来，是希望你能在这里开心地工作。沟通的过程中，坦诚为主。即使有疑虑或者最终不接受，也可以友好地表达。

曾经有一个案例：一位财务候选人确认被录用，但在发 offer 之前，人力资源主管在电话沟通中讲错了某个细节，发现这个问题后，人力资源主管主动给候选人打去电话说明清楚，但对方突然情绪失控，认为公司是在故意拿捏他。我们能理解他的情绪，这是公司员工的失误，但在沟通说明的时候，尽量坦诚友好。

如果面试的公司的确与自己的气场不合，也不用勉强。继续找，总归能找到合适的工作。

第六节
十句话写给初入职场的你

经过四年美好的大学时光,如果不考研、不考公务员的话,大多数人会进入职场,需要考虑职场方向、企业类型、城市地域、企业风格等。

当你接受 offer 后,就开始做入职准备了,接下来的生活就与校园生活完全不同了。

一、信念决定了你的方向

你相信什么,你就会成为什么。我们内心最深处相信的那个想法,决定了后面的一切。

时常会听到一种声音,发表一些"社会阶层固化""普通人没有出路"之类极端的论调。看上去是在为普通人发声,但我们要警惕这类言论对自己心态的影响。不要相信社会是由有资源的人控制的,普通人没有出路。实际上,社会永远需要能成事的人。而成事,是由一个团队来完成的。一个团队中,有拉拢资源的人,有擅长销售的人,有特别会应酬、会处理人情世故的人,有会踢足球、打篮球或者打羽毛球的人,但最重要的是,在这个团队中,一定需要有专业技术强、能把项目一个一个落地、关注细节、不断优化方案的人。

每个人都有自己的价值,也都能创造价值,做出自己那份特别的贡献。你需要做的是坚定地相信这一点,仔细挖掘并培养自己的能力,贡献自己的力量,让自己被团队需要、被企业需要。

二、诚实

你可以选择不说话,但说出口的必须是真话。所有的假话,最后都会被拆穿。节约自己的精力,让自己能有足够的精力漂亮地完成工作,还能有其他精力平衡生活、追求生活中美好的事情,我们首先要做到诚实,不要浪费精力在虚假的事情上。

三、不要陷入情绪化

不要因为一点事情就上纲上线,上升到个人尊严。工作中所有的事情,最后都能沟通解决。工作中有情绪很正常,但情绪化不可取,让同事、队友承担自己的情绪,更是幼稚的行为。进入职场,我们就是职业人,用专业和职业的态度来要求自己。培养一些兴趣爱好,学会感受、消化自己的情绪。

四、提高职业素养

不要在会议上或者与别人共事中轻易说出"这个我干不了""这是我的权力范围""你别碰""你要再这样,我就不做了"等话,说出这种话的人,是小孩子心态。除非有特别之处,否则不会有人敢把重要的事情交给他。事实上,在未来的发展中,到了一定的级别,这样性格的人也很难再往上升职了。

五、与团队协作,态度很重要

"己所不欲,勿施于人。"我们相信大多数的人,都愿意成就自己同时也成就他人。我们的工作一定会需要大家协助,团队的协作是极其重要的。在请别人协作的过程中,不能随意拿职位、岗位来强制别人配合。这样的话,即使对方做了,也很难做出很好的成果。如果别人的工作需要我们去协作,我们也要积极配合。

六、信息保密

不要捕风捉影,更不要四处散布。有些时候,我们无意中得知公司或者团队或者某些人的一些事情,跟自己无关的事情,不要猜疑。即使自己心里忍不住编排了一出剧,也不要对别人说起,因为很可能会带来大麻烦。

七、不断掌握新的技能,提升能力

打铁还需自身硬。要么有丰富的资源,要么是资深销售,要么善于结交,要么就打磨专业能力。这几条路是不同的职业规划和发展道路,但总体来说,你要分析自己能做什么、擅长什么,然后强化这个能力。

八、为人要厚道

切忌所谓的"为人直爽""真性情""我只是刀子嘴豆腐心"。不要给自己贴这种"标签",也不要让自己向这个方向发展。不要把无礼、没有同理心、没有教养美化成为直爽、刀子嘴豆腐心,伤害就是伤害。我们要训练自己用正向的思维与表达方式与人相处、与团队配合。

九、如果发现自己很难接受公司文化,可以选择早点离开

入职前谨慎、多方面了解公司,尽量多与不同岗位的人交流沟通。入职后的试用期,如果发现公司的文化让自己极度不适,尽早选择离开。

十、不要过于频繁地更换工作

在职业生涯的前十年,一份工作的时间最好在一年以上,三年以

上更佳。认真培养员工的企业，会首先淘汰过于频繁更换工作的求职者。

我们总以为发生在自己身上的经历是特别的，其实也不尽然。很多的问题、困惑，解决的方法、出路，其实很多前辈们都经历过，只是时间、地点有所不同，但大致情况其实相差无几。

每个年代的人，都有其无可替代的回忆，也都有其独特的挑战。新的时代来临了，AI、机器人、工业化大生产、战争、失业，等等，我们会发现节奏越来越快，事情越来越多，而我们的心，有时跟不上这个时代的节奏。在你的面前，一定会是一个多变的未来，外部环境异常丰富而多彩，世界不断变化，令人应接不暇。我们既是体验者，也是创造者。

在一个又一个多变的间隙，关注我们的心，多给我们的心一些温柔。心和身体一样，要充满活力，保持健康。希望你能拥有自由的灵魂、放松的心境、充实的生活、多彩的体验，以及人与人之间温暖的羁绊。

第七章

自我关怀

——心灵的自由是最大的自由

第一节
熟知≠真知，你真的知道什么是心理和心理健康吗

这些年，心理健康成了人们常常挂在嘴边的热门词。可严老师想问问大家："究竟什么是心理？什么是心理健康？"

一、什么是心理？

要说清楚心理，我们需要了解心理的两层结构——宏观结构和微观结构。

1. 心理的宏观结构——四个关系

按照自我与他人、内部与外部两个维度，心理的宏观结构可以概括为四种关系，这其实也是我们内心关注的四大主题，也能对应本书的各个章节。

我们和现实世界的关系——生活管理（第一章、第三章、第四章）；我们和他人的关系——人际交往（第二章）；我们和父母、伴侣的关系——亲子婚恋（第二章部分以及第五章）；我们和自己的关系——自我成长（第六章、第七章）。

你所有的心事，都逃不开这四个象限中描述的关系。不信？我们可以以大一生活为例。

第七章 自我关怀——心灵的自由是最大的自由

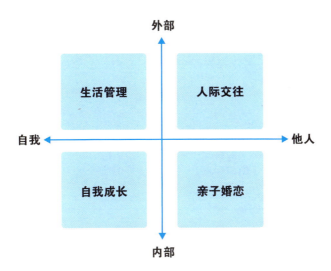

心理宏观结构与现实生活关系示意图

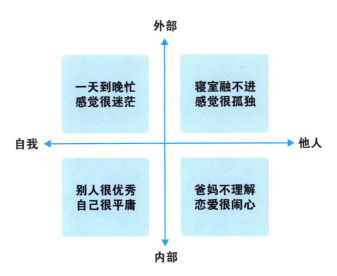

心理宏观结构与大学生活关系示意图

2.心理的微观结构——"心理风车"

微观结构的四个关系,在我们内心会体现为什么呢?在我们的内心世界,心理其实又体现为四个内容:心情、心愿、心态与行动。

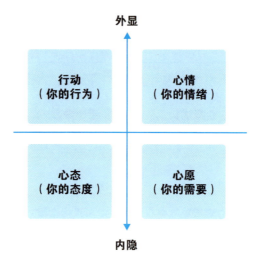

心理微观结构示意图

二、什么是心理健康?

要讨论什么是心理健康,首先要说说什么是健康。在严老师看来,健康的内涵既包括身心处于一种平衡的状态(康),也包括有能力保持这种平衡(健)。以身体健康为例,身体健康就是和外界环境之间保持一个平衡(康),同时也有充沛的精力去开展活动(健)。

平衡是一种美,就像调料的配比,搭配得当才能做出美味佳肴。健康并不意味着没有问题,健康是能在问题和生活之间保持平衡,带着问题生活,坦然面对自己的不完美。

既然心理的宏观结构是四种关系,那么宏观的心理健康也就体现为四种关系的和谐与平衡。

心理的微观结构是情绪、需要、态度、行为，那么微观的心理健康就可以理解为个体的心态、情绪和行为是否适应良好。

三、怎样促进心理健康

还是用身体健康举例，促进身体健康，我们需要做的是积极锻炼、了解自身需要、主动维持平衡、保持充足的"营养"，以及适当的恢复。促进心理健康也是如此。

1. 积极锻炼

从心理健康层面讲，要在态度上学会做加法，要向外看世界，了解多元的选择。你连世界都没有观过，哪里来的世界观？失恋的人多看一看他人的生活，会有豁然开朗的感觉。读万卷书、行万里路，都是扩展自己生活的边界。

2. 了解自身需要

从心理健康层面讲，要在自身需要上要学会做减法，了解自己真正的需要。就像每个人都有适合自己的运动，不用跟风。在生活目标上，我们也要问自己真正想追求的是什么。

3. 主动维持平衡

就像冷热天气变化要及时加减衣物，心理健康层面的情绪与行为也要学会做加减法。

要了解自己情绪的特点和风格，也关注外界环境和他人的变化，关注自己的情绪，主动学习一些情绪调节的方法，适当调整自己的行为模式。

4. 保持充足的"营养"

心理世界里，最能够滋养心灵的"营养"是维持一段深入的人际关系，比如密友、师长、恋人。幸福心理学研究发现，幸福的人都有一个共同特征——拥有良好的人际关系。

怎样找寻和辨别优秀的交往对象？参见本书第五章第一节。

帮助他人也有滋养心灵的作用，所以做志愿者会促进心理健康。

另一个可以滋养心灵的是大自然。动植物和天空大地都能抚慰你的心灵，所以心理咨询中有园艺疗法，有研究显示，人和动物之间的互动也很治愈。关于这一点，本书第七章第五节会详细讲到。

5. 适当的恢复

身体经受日晒雨淋，寒来暑往，吃五谷杂粮，自然是需要呵护和修复的。心灵又何尝不是如此？你的内心经历生活起起伏伏，品味酸甜苦辣，也需要及时给予一些呵护。可以跟你信任的亲朋好友交流，也可以寻求专业人士的帮助。

四、心理健康是一种能力、一种素养

维持心理健康的能力是一种综合素养，华中师范大学心理学院的江光荣教授认为，心理健康素养可以按照健康促进与疾病应对、自我与他人两个维度分为四个象限。

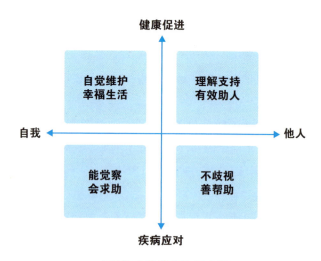

心理健康素养结构示意图

本书的第一章、第三章、第四章、第六章，讲的是自我的健康促进，第二章和第五章涉及的是他人的健康促进，第七章则涉及自我的疾病应对与他人的疾病应对。

每个象限内，心理健康素养又包含了知识、态度和技能三个方面。比如江教授举例说，心理咨询师也会遇到心理困扰，但是能较快地察觉和识别（知识），如果有需要也知道向谁求助；接纳心理困扰是生活的一部分，甚至是成长的必要条件，能积极主动去调节（态度）；同时也掌握了一些自我调节的方法和技巧（技能），能自我消化一部分。

五、你的心理能力胜过多少同龄人

说了这么多，你觉得自己的心理健康素养如何？你了解自己的心理能力在同龄人中的位置吗？

严老师曾经对大一新生开展过一次网络问卷调查，共计有一万八千多名新生参加。我们请大家对自身的人际交往能力、情绪管理能力和自我认同程度进行评分，1分为最低分，10分为最高分。近三年新入大学的同学，在人际交往能力、情绪管理能力和自我认同程度的平均自评得分分别为7.04分、7.09分和7.0分。

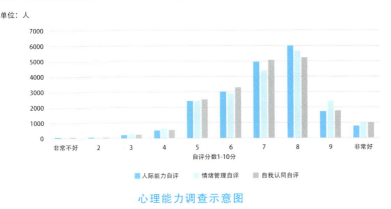

心理能力调查示意图

如果将学生群体按照三项自评分数9—10分、6—8分、低于5分分为三组人群，从数据中发现自评6—8分的学生占到总人数的65%～70%。总体来看，认为自己心理能力中等的同学约占总人数的2/3，认为自己心理能力较强和较弱的人数，分别各占总人数的1/6。

自评分数高于9分且人数最多的是情绪管理，占到总人数的17.1%；有意思的是，自评分数低于5分且人数最多的也是情绪管理能力，有17.8%的学生认为自己情绪管理能力不佳。

那么，心理能力高低会影响到我们的心情吗？

数据分析显示，新生在人际交往能力、情绪管理能力和自我认同程度三者之间具有显著的正相关关系。

也就是说，这三种心理能力的水平高低常常是互相伴随的。心理能力越强、心理健康素养越高的学生，情绪困扰也就越少。

同学们在大学期间除了提升专业素养之外，也要提升自己的心理健康素养，也许这会成为你未来发展的核心竞争力呢。

第二节
原生家庭的痛，如何释怀

原生家庭，Family of origin，其英文直译其实是家庭源头，也就是最早生活的家庭。其中暗含有一层意思：这不会是你永远生活的家庭，你将还会拥有新的家庭，新的生活环境。

一、原生家庭中的我，还可以改变吗

说起原生家庭，严老师想起了一位日本女作家新井一二三的故事。

她出生在一个普通的家庭，除了父亲母亲还有一个哥哥。哥哥似乎得到上天的偏爱，结合了父母的优点，学习成绩出众、相貌堂堂。而新井一二三就像是哥哥的反面，长相平平、学业也不拔尖。父母更偏爱儿子，对新井一二三常常视而不见。更让她难受的是，这个哥哥不仅没有爱护妹妹，反而经常打击她，以取笑她为乐。

新井一二三就这样一路艰难地生活，直到上了大学。大学毕业后，她感觉在日本再也待不下去了，主动申请到加拿大留学。在天寒地冻的异国他乡，孤独、寂寞和寒冷让过往所有的痛苦回忆一起爆发出来。新井一二三患上了抑郁症，她开始接受药物治疗，同时也开始寻求心理咨询的帮助。在长达两三年的咨询过程中，她慢慢地感到，虽然咨询师并没有对她进行太多的引导，但在和咨询师的讲述过程中，她的内心慢慢变得清晰起来，逐渐放下了一些心结。

结束了加拿大的留学生活之后，新井一二三重新回到了日本，谋求了一份新闻报道相关的工作，不久后又被派到了中国。在中国工作期间，新井一二三遇到了"真命天子"。她发现自己可以足够信任他，有时也会跟他讲述自己成长中的这些故事。先生一边默默地听，一边默默地陪她流泪。新井一二三将自己内心的故事全部讲完的时候，她感觉自己真的可以从过往中走出来了。

后来他们组建了幸福的家庭，新井一二三也成了一名作家，并把自己的这段经历写了出来，也就有了《123成人式》这本书。

虽然经历了痛苦的童年和青春期，但新井一二三在后续的生活中，通过寻求心理咨询的专业帮助，以及在一段安全关系的温暖疗愈下，走出了原生家庭带给自己的阴影，重新拥抱新的生活。

二、我们和父母的关系可以改变吗

《三联生活周刊》曾经做过一期"重新看待亲密关系"的专题，讲述了在一段特殊时期，子女和父母通过沟通、重建关系的故事。

2020年，因疫情被隔离在家的壹壹和父亲大吵了一架："你从小就重男轻女，你从来就把我当男孩子养！"一直对和父母的矛盾采取回避态度的她，这次终于说出了自己的心里话。她看到的是父亲的惊讶和默默抹去的眼泪，这一次，她终于让父亲走进了自己的心理空间。

除了失望和愤怒，她也让父亲看到了自己心里的恐惧。她第一次告诉父亲："我之所以迟迟不想生孩子，是因为害怕自己还没有做好准备。"

当她向父亲袒露自己内心的脆弱时，父亲对她而言，不再是一堵墙，而变成了一扇门。父亲成为她心理空间的一部分，她的情感得以流动，怨恨得以稀释。

壹壹则是在帮助父亲整理手机照片的过程中，走进了父亲的心理空间，她更加深入地了解了父亲过去几年的生活。通过照片，她发现在父母离婚的那段时间，父亲的心里其实也很难受，这让她对父母离婚这件事情感到释怀。

在另一位主人公唐彦的故事里，在一次和母亲关于如何花钱、购物是否浪费的争吵中，唐彦赌气地说："我又不是买不起。"母亲说："你以后要怎么过？"唐彦突然第一次领悟到，母亲之前和自己的冲突，是源自母亲对自己未来生活的担心。就在不久前，唐彦刚刚离婚，成为带着两个孩子的单亲妈妈。当她意识到这一点后，她开始变得平静，耐心地跟父母讲述自己对未来的设想。在那一刻，唐彦走进了母亲的心理空间，堵在母女情感河流之间的"石块"被冲开，情感的水流终于交汇。

而母亲也在试图走进女儿的心理空间，这么多年来母亲第一次问她："你到底想干什么？"当母亲听完她的构想后，还是会和以前一样说出自己的意见，只不过会加一句："我只是给你建议。"

在另一个故事里，嘤鸣一直耿耿于怀她和父母之间感情淡漠。弟弟出生后，她觉得自己一直被忽视。但是在因疫情被隔离在家的那段时间，父亲一点一点地回忆和嘤鸣小时候的故事，给她买的火腿肠、面包、小自行车、电子琴……随着记忆的重建，嘤鸣和父亲共同的心理空间也重新建立了起来，她重新确认了自己也是被父母疼爱的孩子。

在这段时间里，父母和子女发现，对方的身份是子女、父母，可又不只是子女、父母。

壹壹和父亲打开心理空间的另一种方式是看到对方更多的角色，甚至参与到对方的社会角色中。父亲从前不明白女儿说的"用艺术促进社区生活"是什么意思，而这次却通过"偷听"他们团队的对话、观看他们的PPT，进而直接参与讨论，实实在在地感受到了。父亲甚至利用自己的社会资源参与其中，在参与中拓展了自己的社会角色，也让女儿看到了他作为父亲角色之外的可能。

唐彦之前一直觉得父母的身体不错，而在居家期间，她看到母亲站立一段时间后就会揉揉自己的腿，感受到母亲渐渐老去。

通过袒露心声、相互观察、彼此了解，子女和父母的关系，并不是没有改变的可能。

三、原生家庭的影响，会持续一生吗

有句话说，"有的人用童年治愈一生，而有的人用一生治愈童年。"这句话很文艺也很动人，但未必是科学的真相，更像是一个自我设定的预言："看吧，我就知道我的一生只能是这样，我被我的原生家庭毁了，注定只能如此了，我就知道是这个结果……"

事实上，长大后一段真实的、安全的、温暖的人际关系，是有可能改变童年对我们的影响的。有心理学的研究发现，有30%的女性在成年后走出了童年和家庭的影响，改变了她们和他人的相处模式。

这种关系可能来自专业的心理咨询，也可能来自真实生活中经历的体验。电视剧《都挺好》里面的主人公苏明玉，有着和新井一二三几乎一模一样的成长经历，被父母忽略、被哥哥嘲笑，但是在后续的生活中，她遇到了事业上的师傅、生活中的恋人，他们对她的关爱，帮助她摆脱了原生家庭的阴影。

心理咨询师李松蔚列举了摆脱原生家庭的几种方式。

第一种叫恶有恶报；第二种叫保留伤疤；第三种叫激发优秀；第四种叫自我分化；第五种是放下与长大。

前两种是与父母对抗，甚至不惜牺牲自己的生活，"杀敌一千，自损八百"；第三、四种是化伤害为力量，让自己变得更加强大，可以独立于父母；最后一种是已经释然了。走自己的路，过自己的生活，过往的那些，我已经不在乎了。父母还停留在原地，而我，已经走出很远了。

心理咨询师、作家武志红写过一本影响力很大的书——《为何家会伤人》，道出了很多在家庭中受伤的人的心声。清楚地了解家庭对自己的影响，让自己释怀，这是重新找回自我的第一步；更进一步地了解到即使受了伤，也可以被疗愈。我的内心世界可以被改变、可以重新塑造，也许是内心成长最重要的信念，意味着你将生活的主导权拿回到自己手中。

所谓命运，只不过是对已经发生过的一切的解释，却不是对我们未来可能达到的生活的预言。

面对原生家庭给你的成长造成的影响，你的选择是将一切都归罪于原生家庭，"真的以为人生就这样了，痛苦的心拒绝再有'浪潮'"；还是了解到父母有他们的局限，他们的生活可能"真的就这样了"，而自己可以超越他们的局限，活出自己的天地，"翻起新的'浪潮'"。选择并改变，也许就在一念之间。

如果你想要一段温暖、安全而又专业的关系来帮你改变内心，心理咨询是一个不错的选择。下一节，我们就来聊聊这个话题。

第三节
什么是心理咨询(师),我需要做心理咨询吗

严老师是一名心理咨询师,在大学心理咨询中心工作的十多年里接待过很多同学。每年上心理健康课的时候,都有同学好奇地问我:"老师,到底什么是心理咨询啊?心理咨询为什么可以起到和朋友安慰、老师开导不一样的作用?心理咨询是怎么帮到我的?什么情况下需要考虑做心理咨询?咨询过程中需要做什么准备?"这一节就来聊聊这几个话题。

简而言之,心理咨询是在一段良好的关系中,用专业的方式去探索内心的过程。

一、心理咨询和心理咨询师不是什么

1. 心理咨询不是顾问指导,心理咨询师也不是老师

心理咨询不像法律咨询、财务咨询,后者会反馈明确的专业信息和解决方案,但是心理咨询不直接提供答案。比如你问咨询师:"我该不该转专业?我要不要和他(她)分手?"心理咨询师不会直接告诉你"应该"或者"不应该"。如果有咨询师直接告诉你答案,那么你可能遇到了一个不专业的心理咨询师。

所以,此咨询非彼咨询,此师非彼师。

2. 心理咨询不是劝导安慰,心理咨询师也不是长辈

虽然大学生遇到的高校心理咨询师通常都会比自己年长,但这并

不意味着心理咨询就是咨询师用自己的人生经验开导你,告诉你"这就是人生的一部分,走过去了就好了"。心理咨询也不会像朋友那样劝你"想开点"或者说"别想了",心理咨询师相信这段经历之所以让你如此难以放下,一定是对你有着重大的意义,此时此刻你的人生,有你个人真实的感受。

3. 心理咨询不是医学诊断,心理咨询师也不是心理医生

心理咨询,顾名思义针对的是心理的部分。如果是涉及生理层面的问题,比如感知的紊乱、情绪持续的异常低落或者亢奋(情绪有生理、心理两部分),就需要专业的心理医生进行诊断,给出治疗方案。

咨询师在心理咨询时会借助一些量表来了解你的情绪状态,但如果有需要,他会建议你进一步寻求心理医生的帮助。

二、心理咨询和心理咨询师是什么

1. 心理咨询是一个探索的过程

心理咨询认为,当你需要解答一个问题的时候,需要先理解这是一个什么问题。比如转专业,看起来是一道选择题或者填空题,但也许其实是一道简答题或者论述题。当你理解了这个问题和你是什么关系之后,你自然会找到答案,或者有没有答案已经不那么重要了。

再以失恋为例,痛苦的你在想,我该怎么办?心理咨询师会引导你回顾在这段感情过程中,你期待从中得到什么?而失去这段恋情,对你而言又意味着暂时地失去了什么?

有时候,问题的要义在问题之外。我们想向外走,就得先向内看。

梳理清楚了我们在这个问题上的情绪、需要和态度以后,该怎么行动,要不要行动,你自己就有答案了。所谓"书读百遍,其义自现",做心理咨询,就是跟你一起读你自己这本书的过程。

2. 心理咨询是一段良好的关系

在咨询中，心理咨询师会尽量营造和提供安全、温暖、包容、接纳的氛围，为探索你的内心、探索问题背后的意义努力创造条件。在这样的一段关系中，你有机会去观察、触碰、体味自己的内心。咨询师面对做咨询的人，不评价、不判断、不偏颇、不带倾向、不设前提、不作引导。

换个角度来讲，只要能给你提供这样一段良好关系的人，都有可能起到心理咨询师的作用。

3. 心理咨询是一个整理内心的过程，而心理咨询师是这方面的专家

有同学要问了，心理咨询既然不提供专业答案，那么它的专业性体现在哪里呢？是的，心理咨询不直接提供答案，也不直接解决问题，但是，心理咨询有自己的专业理论、思路与技术，它是帮助你整理内心、理解问题、发掘资源与优势、寻找自我解决之道的一个过程。这就是心理咨询的专业性所在。

由此可见，心理咨询师不是解决问题的专家，而是陪伴你整理内心、寻找答案的专家，而你自己，才是解决问题的关键。

在具体的咨询过程中，不同的心理咨询流派，切入点各有不同。比如同样是讨论拖延问题，从行为与态度的角度，有的心理咨询师会和你讨论："有没有什么例外的情况下是不那么拖延的？又是怎么发生的？对于完成任务，你的信心如何？"而有的心理咨询师则会和你讨论："当拖延发生时，你会有什么感觉？对于你所要完成的任务，你的感受如何？"

事实上，目前心理咨询的发展都呈现综合交叉的趋势，一个咨询师在咨询的不同阶段也会运用不同的思路，对于不同的来访者，也会有针对性地采用不同的技巧。

你可以主动选择与自己更加匹配的咨询安排，比如咨询开始之

前，你可以根据偏好选择咨询师的性别和年龄。咨询开始之初，你可以和咨询师讨论你所期待的咨询风格，咨询师也会向你简单说明咨询过程。适合自己的，就是好的咨询（师）。

三、心理咨询（师）为什么可以帮到我，又是怎么帮到我的

这个问题恰好可以用心理咨询的三个基本原则来回答：为你保密、积极关注、助人自助。

1. 为你保密：创造安全与合适的氛围

有些话，不一定有合适的倾诉对象。说给父母听，怕父母担心，或者困扰就是因他们而起；有合适的倾诉对象，却不一定有合适的机会。你有特别要好的朋友，可是当你想倾诉的时候，他（她）可能远在他乡或者是正好特别忙碌。

这个时候，与你的现实生活没有交集却能与你的心灵充分交流，而且随时随地可以预约到的，恐怕就是心理咨询师了。

正因为这份关系的纯粹，能够让咨询发挥最大的作用。也正因为如此，心理咨询师会避免在现实生活中与你产生交集。

比如咨询师恰好是你的心理健康课的授课老师，那么在授课期间，他（她）就不适合做你的心理咨询师；又比如，咨询师在咨询结束的时候，原则上不能接受咨询者馈赠的礼物，如果你实在想要表达感谢，可以写一张卡片或者是手工制作一份小礼物。

没有后顾之忧，足够安全，所以你可以放心地畅所欲言。不过也有例外情况，就是当涉及你和他人的生命安全时，这类信息是属于保密例外的。

2. 积极关注：提供温暖、接纳与看见

心理咨询的第二层作用是不带评价的倾听，让你可以自由地倾诉自己的情绪和感受。在心理学上有一个专有名词，叫做无条件积极关注，就是说不设定任何条件、不设任何前提地关心你的感受。透过这

些情绪与感受，你可以看到自己内心的需要。

面对失恋的你，父母可能劝你忘掉这份感情、专注学业，朋友可能数落对方的不是，而咨询师会听到你对这段恋情有很多的不舍，这段感情也曾带给你很多美好的回忆。

心理咨询师李松蔚曾经在《奇葩大会》上讲过一个来访者的故事，来访者的老板曾许诺在完成一个项目后会奖励他一笔奖金，但迟迟没有兑现，来访者一直犹豫着要不要去找老板。乍一看这是一个行动力的问题，但是在进一步的咨询中发现，来访者除了纠结是否讨回奖金，他内心更纠结的是想起了小时候在幼儿园被小朋友欺负后，妈妈数落自己"你怎么那么胆小，为什么不去抗争"。这些年，他的内心有一个声音："为什么一定要去争取，我是不是也可以做一个不那么勇敢的人？"

3. 助人自助：助你找到自己的答案

当你不受打扰、不被评价地讲述完自己的感受和故事，你的内心会逐渐平静下来，内心的力量会逐渐恢复，头脑也会变得清晰，可以自主地去探索改变的可能和新的选择。心理咨询师相信，改变生活的力量和方法都在你自己身上。当然，咨询师在这个过程中，也会运用一些专业技巧扮演推手的角色。

有的同学因和父母产生冲突前来寻求咨询，假期回家又要面对父母，咨询也要暂停，他一度不知道该如何是好。后来他冷静下来思考，回家面对父母的时候，咨询师会对我说些什么？如果咨询师在的话，我们又会讨论些什么？

上海交通大学心理咨询中心的杨文圣老师讲过一个故事：一位来做咨询的同学讲话特别冲动，经常出口伤人，讲完之后又会后悔。杨老师和她一起探讨，最后他们找到了一个办法：每次要说出伤人的话之前，先看着手表的秒针转一圈，这时可能自己就冷静下来了。

四、什么情况下可以考虑去做心理咨询？在咨询中我需要做些什么

什么时候可以考虑去做心理咨询？简单来说，当你内心的困扰持续一个月以上，对你的现实生活已经造成了一些影响，你自己尝试努力调适但依然没有改善，身边又没有合适的可以倾诉与求助的对象，这时就可以考虑借助心理咨询了。

心理咨询也并不仅仅适用于心情不好的情形。当你的个人发展遇到瓶颈，希望有人能从你的个人特点出发，梳理一下突破瓶颈的思路和方法，也可以借助心理咨询的帮助。

如果你准备去做咨询，严老师有两个提示。

一是保持坦诚，无论是对自己还是对咨询师。

在咨询过程中，毫无顾虑地坦诚交流，包括讨论对咨询过程和咨询师的感受，是让咨询充分发挥作用的重要因素。你不必担心觉得咨询没有效果而让咨询师很受伤，或者是对咨询师有什么不好的感受会影响你们之间的关系。一方面，来访者和咨询师之间的确会存在匹配的问题，适合的才是最好的，如果确实不匹配，咨询师会为你转介绍更合适的咨询师；另一方面，你对咨询过程和咨询师的感受，恰好是自我探索与领悟的线索，折射出现实中你与他人相处互动的过程。

二是对于长久困扰内心的问题，需要有一点耐心。

有些问题，也许需要通过一段较长的咨询时间和过程来解决。试想一下，如果咨询一开始，咨询师就保证只要做一两次咨询就能化解长久以来困扰的问题，你是否也会有些疑虑，觉得内心的故事还没有被充分地展开和理解？

你可以在开始之前与咨询师充分讨论想要达到的效果，以及需要咨询的次数，这样也能让咨询师做出合适的安排，与你密切合作，让

咨询发挥最大的效用。

说了这么多,心理咨询到底是什么,是什么感受,如果你有需要,不妨亲身体验一下。就像有句话说的:"想要知道梨子的滋味,就要亲口尝一尝。"

第四节
关于抑郁症的就医服药，你有这些疑虑吗

严老师在心理咨询中心接待过的同学里，不少人因为抑郁情绪有就诊心理科和服用相关药物的经历。对于就诊和服药，严老师听到过不少疑惑和顾虑。如果你也面临抑郁症的治疗问题，可能你也会有类似的困惑。这里把一些典型的疑虑和解答列举出来，希望能打消你的疑虑。

一、就诊用药之前

1. 心理问题为什么要用药物解决

心理问题最终需要解决的是情绪问题，情绪问题既有心理因素，也有生理基础。当抑郁情绪长期郁结得不到疏导的时候，内在情绪调节的生理基础可能也会发生改变，就像长期饮食不规律会导致胃溃疡一样。这个时候，就需要药物来调节情绪的生理部分。对于抑郁症的治疗，心理疏导和药物治疗通常相辅相成，缺一不可，也不能相互替代。

2. 什么情况下需要考虑吃药

最直接的答案就是去心理门诊，医生会根据你的情况做出相应的判断。

大体说来，有持续一个月以上的情绪低落，饮食睡眠都发生较大改变，学习、生活、人际交往等社会功能也因为情绪受到较大影响，

尝试过自我调节甚至心理疏导都没有明显的改善，这个时候就需要考虑去寻求心理门诊的帮助了。

抑郁症公益组织"渡过"的创始人张进老师曾经分享过他自己的经历。在抑郁症最严重的时候，他完全不能工作，头脑经常一片空白，甚至有时候连起床都很困难，而当时他并不知道自己是患上了抑郁症。

3. 失眠、饮食失调（暴饮暴食）也要看心理科吗

有些情况下，失眠和饮食问题确实只是纯粹的睡眠和消化问题，但也有些情况，睡眠和饮食问题可能是由于长期的情绪问题所导致，或者与情绪问题相关。如果你发现自己出现睡眠困难或者暴饮暴食的问题有一段时间了，可以考虑咨询一下心理科的医生，听听他们的意见。

4. 心理咨询可以代替药物治疗吗

不能。正如药物治疗也不能取代心理咨询一样，心理咨询也替代不了药物治疗。持续的抑郁情绪可能已经改变了大脑的神经递质状况，而这个部分必须通过药物调整生理机能。

5. 药物是治标不治本吗

如果你知道自己的抑郁情绪跟成长经历有关，那么药物治疗的确有可能不能完全解决抑郁问题，还需要持续的心理咨询和改变生活方式，以此来调整整个身心。

服用药物可以帮助缓解抑郁症状、保持良好的生活状态，更重要的是，稳定的情绪状态会让你有足够的心力来整理内心，这对你来说也是非常重要的。

6. "是药三分毒"，药是不是能不吃就不吃

"是药三分毒"是民间的俗语，反映的是大家内心对药物的抵触情绪和心理上的恐惧。目前的抗抑郁药物都经过比较成熟的研发，在医生的指导下规律服药，对身体的副作用较小。

相反，如果抑郁程度较重，自身无法调节，却一直拖着不服用药物，会对自己的身体和心理造成更大的影响，这样反而得不偿失了。其实，抑郁症本身给你带来的副作用远大于抗抑郁药产生的副作用。

7. 需要服药，说明我的情况很严重吗

是否用药根据需要来判断，而不是和问题的严重性相挂钩。

有些同学问题比较严重，比如失恋之后痛不欲生，有轻生的念头甚至是行为，这个时候他需要紧急的心理危机干预，问题不可谓不严重，但他未必需要服药，也未必达到了抑郁症的标准。

而有些同学在抑郁的过程中并没有轻生的念头，但是抑郁的情绪让学习和生活状态都受到很大的影响，仅仅靠自我调节和心理疏导难以帮助他恢复正常的生活状态，这个时候就需要用药物来调节。

简而言之，是否需要用药主要看情绪困扰是否存在生理因素需要调节，以及对生活、学习的影响程度及持续时间。

二、就诊服药之中

1. 医生问诊时间不长，能准确诊断我的情况吗

有不少同学从心理门诊回来后，会向心理咨询师抱怨："医生都没太了解我的情况就做了诊断，是否太过草率？"这一点大家在看心理门诊之前要有所了解。

医生问诊和心理咨询有本质的不同，最明显的区别就在于时间和角度，医生问诊一般不超过二十分钟，初次问诊的时候，医生也会询问情绪变化发展的历史，但不会像心理咨询师一样，特别详细地了解完整的生活经历。医生问诊的重点主要在于了解症状的表现和发展过程。

心理科作为一个较为成熟的科室，心理医生有一套标准的问诊程序，也有非常严谨的诊断标准，医生会科学地判断你的情绪状况。医生问诊完之后，你觉得有重要信息需要补充，也可以主动向医生提出。

2. 药费会很贵吗？我会不会负担不起

抑郁症的治疗根据病情不同、症状不同，药费会有一定的差异，每周药物的费用在一百多元到三百多元。对在校大学生，学校都会有一些医疗和经济资助政策，帮助你解决药费的问题。

3. 吃了一段时间药，感觉好像没什么用

在服用抗抑郁药物的初期，会有两到三周的起效期，也就是药效要在服用两三周之后逐渐发挥出来。在服药初期可以和治疗医生保持充分的沟通，对于服药的任何疑问都可以与医生及时讨论，医生可以根据你的反馈及时调整服药方式和用药剂量。

4. 服药反应很大，还要继续吃吗

有些同学在刚开始服药的时候，的确会出现一些副作用反应，比如嗜睡、恶心、食欲增加，等等。这些症状会随着服药过程逐渐消退，身体会逐渐适应。如果这些症状持续存在，可以跟医生沟通服药方案，医生会有一些小技巧来帮助你消除这些反应。比如有嗜睡作用的药物改为晚上服药，有胃肠反应的药物改为餐后服药。

目前抗抑郁药物的种类选择较多，有很多成熟可靠的用药方案可供调整，总能为你找到副作用较小的用药选择。

5. 服药过程中需要注意什么

治疗过程中最重要的原则是和医生保持密切联系，按照医嘱定期复诊，切勿擅自停药，或者凭自己的感觉随意加药或者减药。

有的同学学习忙碌起来会忘记服药，可以设置闹钟提醒或者是安排专人提醒，让父母、室友、好友提醒自己，或者通过打卡监督自己坚持服药。

三、服药治疗后期

1. 服药一般要多长时间？症状消除了就可以停药吗

抑郁症服药周期一般在一年到一年半左右。服药一段时间以后可能会感觉到症状逐渐消失，这个时候切忌自行停药，还需要继续巩固治疗。

严老师在学校心理咨询中心见过一些同学因为症状好转而自行停药，导致病情复发，不得不重新开始服药治疗，延长了治疗周期，人也很难受。

2. 一旦开始服药，会形成药物依赖吗

目前抑郁症的治疗并不会形成对药物的依赖，治疗结束后一般也没有药物治疗的后遗症问题。

前面说过，抑郁症的治疗是一个相对长期的过程，如果治疗时间不足而自行停药，就可能使病情"卷土重来"甚至加重，这并不是对药物产生了依赖而是治疗不充分的表现。

当疗程即将结束，医生会根据病情逐渐减少用药的数量和种类，直至完全停药，让你的身体有一个逐渐适应的过程。

3. 为什么有些情况还需要住院治疗

如果服药治疗的效果不理想，或者是情绪的问题还伴随有自我伤害的风险，医生会建议通过住院系统治疗的方式达到更好的治疗效果，同时也控制抑郁情绪带来的自我伤害风险。住院期间，医生可以每日观察药物疗效，及时调整用药的方案，同时还可以辅助物理和身心综合治疗，达到最好的治疗效果。

4. 父母对自己看病服药不理解不支持该怎么办

父母对看病服药不理解不支持可能是源自对药物的担心，也可能是对抑郁症相关知识的不了解，还有可能是他们对子女内心世界和生活缺乏理解。

出现这种情况，应该求助于外部资源的帮助。比如家族中比较信赖的长辈，通过他们和父母进行沟通；可以让医生向父母普及一些抑郁症的相关知识，打消他们对药物治疗的顾虑；也可以请了解你情况的老师和辅导员帮助你和家长沟通；还可以和你的心理咨询师在咨询中讨论，如何和你的父母沟通自己生病服药的情况。

（本节经武汉市武东医院心理科赵孟主任审阅）

第五节
空虚比忙碌更难受——他们是如何找到自己的光

你有时会觉得内心空荡荡的吗？

临床心理学博士徐凯文老师发现，有一些来访者并没有童年的创伤或者家庭的影响，但是依然觉得情绪低落，生活没有意义，甚至有自杀的想法，他把这种症状称为"空心病"。

我们的心"空了"，是因为我们失去了与世界的联结。

我们要如何与世界建立起联结？严老师在杂志上读到两则故事。

第一则是林徽因和佛光寺的故事。

1937年的夏天，梁思成和林徽因到山西五台山附近的田野调查当地一间木构古寺——佛光寺。

这座古寺的发现让梁思成和林徽因喜出望外，因为这是国内极为珍贵的保存完好的唐代木构建筑，他们找到了中国建筑历史源流的实际证据。

虽然每天到房梁上勘测时要面对蝙蝠屎和臭虫的叮咬，但他们完全不以为意，而是满心沉浸在对古建筑调查研究的喜悦之中。

更大的惊喜还在后面。在最后一天的调查中，远视眼的林徽因不经意间看见四道梁下题记的最末六个字："女弟子宁公遇"。他们详细检查了殿前经幢上的姓名，果然，经幢上除官职外也有女弟子宁公遇的名字，她被称为"佛殿主"。这篇题记帮助他们确认了佛光寺建造的历史和精确时间，明确了佛光寺始建于唐代，推翻了日本学者之前

"中国已无唐代木构建筑"的论断。

梁从诫在《回忆我的母亲林徽因》中写道:"面对谦逊地隐在大殿角落中本庙施主'女弟子宁公遇'端庄美丽的塑像,母亲更怀有一种近乎崇敬的感情。她曾说,当时恨不能也为自己塑一尊像,让'女弟子林徽因'永远陪伴这位虔诚的唐朝妇女,在肃穆中再盘腿坐上一千年!"那一刻,林徽因眼前的世界和这位古人的世界联结了起来。她的内心和这位古人的内心,跨越了时空的界限。

第二则是关于高中生哲学社的故事。

2017年,北京人大附中的几名高中生,出于对哲学的喜欢和热爱,组织了一个学生社团——Philosophia哲学社。

起初这个社团活动寥寥,人员稀少。慢慢地,社团开展内部分享讲座,人员越来越活跃,受到越来越多人的关注。

对社团的骨干PZH、CC、Sein来说,他们最初喜欢上哲学是因为哲学给他们的中学生活打开了一扇窗。哲学带来的问题意识,让他们对校园生活进行思考。哲学带给他们思辨,帮助他们更好地参与到校园的公共生活之中。

后来,几位创始人都考入大学,社团为了发展,决定面向全国招收新社员。招新的结果挺让大家意外,这么一个年轻的哲学社团,四五天的时间里竟收到一千二百多份申请,提交申请的大多是来自全国一、二线城市的高一、高二学生。

社团日常的微信交流群里,除了中学生,还有后加入的大学生、学者,每当抛出一个哲学话题,都能够引起热烈的回应和讨论。

建筑和哲学,帮助八十多年前的林徽因和Philosophia哲学社成员们,打开了内心的空间。他们内心的情感,得以在更广阔的空间内展开。

有心理学家说,生命的本质需求是渴望被看见。这句话可能只说对了一半,另外的半句话是,我们也渴望看见这世界。

要怎样扩展自己的心理空间与世界联结起来呢？以下是严老师的三个提示。

一、与世界的联结之一：历史与家国

演员佟丽娅曾跟随摄制组去了解自己的锡伯族祖先西迁的艰苦历程。在伊宁，当她打开爷爷的上工卡，逐步了解爷爷当年的生活后，她才知道，在她出生前就已离世的爷爷，在当时做出的重大选择——举家从察布查尔搬迁到伊宁，改变了整个家族的命运。

除了我们的小家庭，我们是否还知道家族的故事、家乡的故事，甚至是我和我的祖国之间的故事？

2019年，严老师参访中国人民大学时了解到，我工作的中南民族大学的前身是中原大学和延安民族学院，一路可以回溯到延安的陕北公学。在那个救亡图存的年代，大批有志青年们长途跋涉辗转来到陕北延安，他们当时心中所思所想的是什么呢？

当我们对历史有所了解，个人的生命就与历史发展的脉络、家国情怀的传承有了联结。

二、与世界的联结之二：社会与他人

如果说历史和家国是一个大故事，那么世界上的每一个人都有自己的小故事，大故事也是由千千万万个小故事组成的。

严老师从初中时起开始看《体坛周报》，到现在已经有二十多年了，除了精彩的赛事报道，运动员在赛场之外的故事，让我对人生的输赢得失、艰难险阻，有了更深刻的体会。

除了自己的生活，我们是否又知道不同职业、不同地域、不同文化程度的人们，他们的生活体验如何、态度如何，对他们来说，生活的意义是什么？比如说，我们是否了解父母从事的工作？

我们的生活也在和他人的交集与关联中，生发出新的意义。

某大学的一位同学曾感觉生活毫无意义,确诊抑郁症而不得不休学。在休学期间,她尝试参加志愿服务,在和养老院老人的交往与交流中,她找到了自己生活的意义与动力。

当你能看见更多的人,你就越有可能看见自己。

当你的生活与更多的人相联结,你就越有可能看见生活的意义。

三、与世界的联结之三:艺术与美

有一年年底,学校组织师生代表去听《长征组歌》钢琴协奏曲演奏会。琴台音乐厅里,武汉爱乐乐团的演奏令人心潮澎湃。透过作品,让我们与艺术家以及作品背后更多的人联结起来。

我们能充分感受这个世界和这个世界的美吗?艺术,是联结我们和这个世界,和世界的美之间的桥梁。音乐、舞蹈、戏剧、绘画、电影、文学……

京剧文化推广者王珮瑜在接受《南方人物周刊》采访时说:"中国有三百多个剧种,大家能说出来的可能不超过十种,可能看过的也就五六种,戏曲和现代人的生活渐渐没有关系了。你为什么要去关注一个跟你没有关系的事?但是慢慢地,人会产生反思,开始给自己的生活做减法,当生活非常安定,有足够的财富、自由的时候,就会找一些跟自己'没有关系'的事来滋养自己。"

当你能感受到这个世界的美,你就不会感到孤独。武汉众多大学的校园风景,桂子山的风,狮子山的花,珞珈山的雪,南湖的月,你可曾都见过?

严老师平时有个习惯,行走在校园里,看见有感触的景色就会随手拍下来,我最喜欢拍摄的是天上的流云和校园里的树木,也关注校园里的人。

保持对这个世界的好奇心,你的心灵就不会空洞、孤独。

严老师拍摄的南湖落日

致谢

感谢我的同学们,感谢你们给我的启发;
感谢我的同事们,感谢你们给我的支持;
感谢我的同行们,感谢你们给我的鼓励;
感谢我的师长们,感谢你们给我的教诲;
感谢我的朋友们,感谢你们给我的陪伴;
感谢我的家人们,感谢你们给我的关爱。